近代早期英国土地流转与社会变迁

孙小娇　著

商務印書館
创于1897　The Commercial Press

图书在版编目（CIP）数据

近代早期英国土地流转与社会变迁 / 孙小娇著 .
北京：商务印书馆，2025. -- ISBN 978-7-100-24902-7

Ⅰ. F356.111；K561.4

中国国家版本馆 CIP 数据核字第 2025KU2603 号

本研究得到山东省高等学校青创
科技支持计划（2021RW004）资助

近代早期英国土地流转与社会变迁

孙小娇　著

商　务　印　书　馆　出　版
（北京王府井大街36号　邮政编码100710）
商　务　印　书　馆　发　行
三河市尚艺印装有限公司印刷
ISBN 978－7－100－24902－7

2025年5月第1版　　开本 880×1230　1/32
2025年5月第1次印刷　　印张 6 3/4

定价：58.00元

目 录
CONTENTS

绪　论

社会变迁是近代英国的标签。作为工业革命的发源地，英国率先实现了从农业社会向工业社会的转型；作为资本主义的先行者，英国率先实现了从封建社会向资本主义社会的过渡；作为世界现代化潮流的引领者，英国率先实现了从传统社会向现代社会的转变。英国在财产权利、生产方式、生产关系、生活方式和价值观念等方面的延续与变革对本国及世界整体历史发展进程带来了深远影响。在完成这些指向现代性的转变之前，16—17 世纪英国的国家形态、权力结构、经济体制和社会结构均发生了深刻变化：开启了从封建王国向民族国家的过渡，二元政治权力结构被世俗单一权力结构取代；实现了从等级君主制向新君主制、新君主制向立宪君主制的转变，确立了议会主权原则，形成了土地利益阶层；从维生为主的庄园经济向谋利导向的市场经济演进，塑造了新兴中等阶层，加速了社会阶层流动。

在工业化完成之前，农业为英国经济增长贡献了最大份额。作为当时最重要的生产资料，土地及其相关制度决定了经济发展的内涵与特色，确立了社会运行的模式与机制，奠定了社会变迁的基础与根本。自中世纪以来，土地是英格兰封授体系和封建关系的基础，规范土地授予的土地保有制是封建主义的产物，以土地为纽带的封建关系是一种私人性质的权利结构，基于土地衍生出来的权利关系和社会关系成为当时社会中的主流关系。掌权者严格控制土地流转，不仅为了获取封建经济利益，还为了控制以土地封授为基础的领主附庸关系，从而实现维护社会稳定和延续王朝统治的目的。封臣及附庸却因此受到束缚。受制于土地分封规则，土地保有人无法自由转让土地；受制于普通法长子继承规则，有产者难以将家族土地分配给其余子女；受制于只能通过遗嘱处分动产的封建法则，产权人不能自由遗赠土地。于是产生了自由流转土地的需求。封建主义框架下的土地流转借助了封土授予的话语表达。土地再分封使人与人之间的关系既复杂又重叠，导致人身依附关系日渐松散，各级领主对土地的控制力愈发脆弱，封建权益愈发难以维持和兑现，助长了地方及个人的分离倾向。

百年战争和红白玫瑰战争不仅培育了英国的民族意识，消灭了分权的大小贵族，加速了土地财富的重新分配，提供了社会阶层晋升的契机，还为都铎王朝君主整合权力打造了前提条件。都铎王朝君主将自己从贵族等级中凸显出来，超越了等级制度的限制，摆脱了教会的束缚，解决了王权合法性来源问题，改革了司法及行政制度，实现了王权集权化，成为近代早期欧洲新君主制的典型。英格兰不仅主张对苏格兰、威尔士及爱尔兰拥有宗主权，还积极主动参与到西欧的政治事务和军事战争中。在这个转变的过程中，英格兰封建王国逐渐被黏合为一个完整的政治共同体，拥有一个在政治、教会和法律事务上不承认任何上级的主权政府，国家的概念不断充实，逐步形成了以民族意识、共同语言为基础，以专制王权为保障，具备了国家主权及民族共同性等要素的近代国家，推动了英国从封建王国向民族国家的转变。民族国家是英国现代化的前提条件及客观基础。

宗教改革和英国革命是英国民族国家形成过程中的重大事件。宗教改革是英国从中世纪向近代转型过程中的一次重大变革，世俗王权取代教会成为社会控制的权力来源。解散修道院是英国宗教改革的重要组成部分，修道院土地流转问题也是英国经济社会史研究的重要课题之一。西方学者很早就关注了这个问题，研究成果比较丰富，总的来说可以分为四类。第一，从经济史角度出发，关注修道院经济状况及其土地流转，如亚历山大·萨维恩、哈巴库克、乔伊斯·扬、伍德沃德等。[①]第二，从制度方面着手，在研究英国修道院制度或都铎行政制度时关注解散修道院引发的相关问题，如奥德尔、帕默、大卫·诺尔斯、埃尔顿等。[②]第三，在研究英国宗教改革时涉及解散修道院这一事件，如狄更斯、黑

---

① Alexander Savine, *English Monasteries on the Eve of the Dissolution*, Oxford: The Clarendon Press, 1909; H. J. Habakkuk, "The Market for Monastic Property, 1539-1603", *The Economic History Review*, New Series, Vol. 10, No. 3 (1958), pp. 362-380; Joyce A. Youings, "The Terms of the Disposal of the Devon Monastic Lands, 1536-1558", *The English Historical Review*, Vol. 69, No. 270 (Jan., 1954), pp. 18-38; G. W. O. Woodward, "A Speculation in Monastic Lands", *The English Historical Review*, Vol. 79, No. 313 (Oct., 1964), pp. 778-783.

② O'Dell Travers Hill, *English Monasticism: Its Rise and Influence*, London: Jackson, Walford and Hodder, 1867; David Knowles, *The Religious Orders in England*, Vol. 3, Cambridge: Cambridge University Press, 1959; G. R. Elton, *The Tudor Revolution in Government*, Cambridge: Cambridge University Press, 1953.

格、伯纳德等。[①] 第四，专门研究解散修道院及相关问题，如加斯奎特、乔伊斯·扬、伍德沃德、霍伊尔等。[②] 在修道院土地流转与乡村社会结构演变的关系方面仍有探讨空间。

都铎王朝时期，专制王权在维持国家统一和抵御外来威胁方面起到了重要作用。1588 年英国打败西班牙无敌舰队，首次位居欧洲大国之列，新君主制的合理性显现出来。但到 17 世纪斯图亚特王朝时期，专制王权的阻碍作用愈发明显。君主强调君权神授，过度使用王权，摒弃借助议会共治的都铎传统，破坏了国家统一及民族自立原则，限制了生产发展，挑战了自由传统，违背了人民意愿，引发了政治冲突。英国革命是英国政治史研究的重要议题，彼时英国王权与议会的关系发生变化，确立了议会主权的原则，英国走向宪政之路，英国革命成为历史上的转折点，也对世界上其他国家的政治文明产生了深远影响。20 世纪以降，随着经济社会史研究的不断发展，西方学者逐渐关注英国革命时期及复辟时期的土地问题，并发表相关论文，例如 H. 埃杰顿·切斯尼对英国革命时期购买土地人员类型的分析，P. G. 霍利戴对约克郡王

① A. G. Dickens and Dorothy Carr, *The Reformation in England: To the Accession of Elizabeth I*, London: Edward Arnold Publishers, 1967; Christopher Haigh, *English Reformations: Religion, Politics, and Society under the Tudors*, Oxford: Oxford University Press, 1993; G. W. Bernard, *The King's Reformation: Henry VIII and the Remaking of the English Church*, New Haven and London: Yale University Press, 2005.

② Abbot Gasquet, *Henry VIII and the English Monasteries*, London: George Bell & Sons, 1906; Joyce Youings, *The Dissolution of the Monasteries*, London: George Allen & Unwin Ltd., 1971; G. W. O. Woodward, *The Dissolution of the Monasteries*, London: Blandford Press, 1966; R. W. Hoyle, "The Origins of the Dissolution of the Monasteries", *The Historical Journal*, Vol. 38, No. 2 (Jun., 1995), pp. 275-305.

党地产出售的研究，保罗·格兰德威斯对内战时期西米德兰地区王党地产出售的研究，H. J. 哈巴库克对大空位时期议会出售没收地产与财政危机之间关系的研究，琼·瑟斯克对大空位时期王党地产出售及复辟时期土地归属问题的探讨等①，但没有强调这一阶段土地出售与流动的社会效应，认为被没收地产的出售“未导致社会转型”②。

法制变革是近代英国民族国家建构的重要基础。11 世纪“教皇革命”之后，西欧产生了新型教会法体系③和世俗法体系，形成了两种权威并存共治的局面。在相当长的时间里，教俗权力及关系均处于动态平衡中④，但这种平衡在中世纪后期开始被打

① H. Egerton Chesney, “The Transference of Lands in England, 1640-1660”, *Transactions of the Royal Historical Society*, Vol.15 (1932), pp. 181-210; P. G. Holiday, “Land Sales and Repurchases in Yorkshire after the Civil Wars, 1650-1670”, *Northern History*, Vol.5, No.1 (1970), pp. 67-92; Paul Gladwish, “The Sale of Royalist Lands after the English Civil War: Two Case Studies from the West Midlands”, *Midland History*, Vol. 29, Issue 1 (2004), pp. 25-60; H. J. Habakkuk, “Public Finance and the Sale of Confiscated Property during the Interregnum”, *The Economic History Review*, New Series, Vol.15, No.1 (1962), pp. 70-88; Joan Thirsk, “The Sales of Royalist Land during the Interregnum”, *The Economic History Review*, New Series, Vol.5, No.2 (1952), pp. 188-207; Joan Thirsk, “The Restoration Land Settlement”, *The Journal of Modern History*, Vol. 26, No. 4 (Dec., 1954), pp. 315-328.

② Ian Gentle, “The Impact of the Sales of Confiscated Land on English Society during the Revolution, 1647-1660”, *Histoire Sociale/Social History*, Vol. 13, No. 26 (1980), p. 304.

③ 伯尔曼比较了中世纪教会法与罗马法的关系，他指出：作为教会法基础的罗马法是中世纪“复兴的”罗马法而不是 6 世纪拜占庭的罗马法；教会法在形成之际受到罗马法的影响，在诸多方面（尤其是财产、继承以及契约等事务）借鉴了罗马法原则，但并非简单地复制罗马法的内容；教会法是教会的实在法，但罗马法却不是西方任何政治体的实在法；罗马法被视为已经完成的、不可改变的，只能重新解释而不能予以变化的法律，而教会法可以在动态变化中不断发展。参见 Harold J. Berman, *Law and Revolution: The Formation of the Western Legal Tradition*, Cambridge, MA: Harvard University Press, 1983, pp. 200-201, 204-205。

④ 动态平衡指的是教俗权力之间虽不一定是均衡的，可能一方占有一定优势，另一方相对较弱，但双方都无法彻底消除对方的影响。

破。西欧基督教王国的统治者越来越频繁地提出独立“帝国”（imperium）的要求，起初他们并非要与教宗或神圣罗马帝国的皇帝争夺至高无上的地位，而是主张独立于外部干预，并对内部竞争者具有优势。[①]诸王国独立国家意识的增长使得罗马教宗和教会普世性权威以及关于共同体的信念不断被挑战，西欧的政治分裂变得愈发不可逆转。地理大发现极大地拓展了人类物质世界的范围，促使时人思考人与神、人与物质世界的关系。人文主义者不仅注重挖掘人的主体作用，还强调欧洲不同地区之间的差异性，动摇了民众对宗教同一性传统的信奉与坚持。特殊性开始取代共同性，成为时人认识世界的出发点。人文主义法学家与宗教改革家融汇成一股强大的力量，不仅挑战教会法权威，还质疑教宗权威，深刻地影响了西欧的法律与政治。特殊性在世俗世界中表现为民族意识的觉醒和民族国家的构建，成为近代早期西欧法律变革的现实驱动力。

随着英国社会的变化，作为调整社会关系典范的世俗法律也在不断发展，法官和律师群体在英国法律变革中发挥了引领作用。普通法法官和律师尝试将中世纪法律规则与现实相协调，适时对普通法进行调整，普通法的优点得以保存，“普通法至上”的理念得以延续。土地法是普通法的重要组成部分，土地权利是最重要的财产权。深受12世纪罗马法复兴的影响，早期法学家曾套用罗马法原则界定英格兰民众及其土地权利，认为自由与非自由人之

① David Armitage, *The Ideological Origins of the British Empire*, Cambridge: Cambridge University Press, 2004, p. 31.

间存在不可逾越的鸿沟，而农奴与维兰（villain 或 villein）几乎无异，领主对农奴的财产乃至人身有支配权。[①] 自中世纪末开始，法律从业者们逐渐认识到地权的实际状况与法律之间的差异，首次对土地保有权进行梳理的是托马斯·利特尔顿爵士，他在《保有制》中对不同类型的土地保有人的权利、法律地位进行了清晰地阐述和界定，认为自由持有地可以进行产权转让。[②] 爱德华·柯克爵士开启了普通法现代化的历程，在私法、普通法诉讼格式、商法、刑法等方面成果斐然。他曾对公簿持有农进行了全面的考察，认为公簿持有农具有较高的土地权利，并受到法律的充分保护。[③] 威廉·布莱克斯通是 18 世纪英国法集大成者，在总结前人的基础之上，他结合经济社会环境的变化，对土地权利进行了细致的梳理与总结，对后世影响极深。其著作《英国法释义》介绍了财产的形态、土地保有制及各类土地持有的权限，以及土地继承、占有、没收、让渡、契约等内容，后世法律史学家称之为“不仅是布莱克斯通所处时代最好的法律著述，也是当时已出现的最全面的英国法史著述”[④]。

议会因在宗教改革中协助国王获得教俗“至尊”地位、实现英格兰教会的国家化和民族化，而拥有最高立法权威，颁布了大量立法法案，不断扩张立法干预范围，深入参与国家治理。在

---

① Paul Vinogradoff, *Villainage in England*, Oxford: Clarendon Press, 1892, pp. 44-45.

② Thomas Littleton, *Littleton's Tenures in English,* London: Printed by Charles Yetsweir, 1594.

③ Edward Coke, *Compleate Copy-Holder*, London: Walbanck and Richard Best, 1644.

④ William Holdsworth, *Some Makers of English Law, the Tagore Lectures, 1937-1938*, Cambridge: Cambridge University Press, 1966, p. 266.

16—17世纪，议会曾颁布了《用益法》(The Statute of Uses)、《登记法》(The Statute of Enrolments)、《遗嘱法》(The Statute of Wills) 和《保有制法》(The Tenures Abolition Act) 等影响深远的法案，促进土地立法的现代化。率先研究这些法案文本的群体是同时代的法律从业者，如爱德华·柯克、弗朗西斯·培根、威廉·谢泼德等。[①] 其中，《保有制法》废止了军役保有制，封建主义趋于消亡。《用益法》、《登记法》和《遗嘱法》共同指向用益授予引发的地权更替。产权人借助用益、信托实现对家产的长久控制，这与普通法促进土地自由让渡(Free Alienation)的规定产生了冲突。在许多判例的基础上，禁止永久权规则(Rule against Perpetuities)逐渐得到确立，目的是限制地产主对家产的长久控制。该冲突持续数百年，展现了社会转型时期英国法与民众实际需求之间的差异以及法律的调整。

后世西方法律史学家梳理了永业及禁止永久权规则的脉络、整理了部分重要案例，以此作为研究土地遗嘱及继承的内容之一。[②] 英国家庭史学者介绍了永业的基本情况，多关注家族授产制

---

① Edward Coke, *The First Part of the Institutes of the Laws of England*, London: Printed for the Company of Stationers, 1656; Francis Bacon, *The Use of the Law: Provided for Preservation of Our Persons, Goods and Good Names, According to the Practice of the Lawes, and Customes of This Land*, London: Printed for Beniamin Fisher, 1629; Francis Bacon, *The Reading upon the Statute of Uses*, London: Printed for E. Brooke, 1785; William Sheppard, *The Touchstone of Common Assurances*, London: Printed for W. Lee, M. Walbancke, D. Pakeman, and G. Bedell, 1651.

② Henry Randell, *An Essay on the Law of Perpetuity, and on Trusts of Accumulation: With an Introduction Containing the History of Alienation*, London: Printed for Thomas & George Underwood, 1822; William David Lewis, *A Practical Treatise on the Law of Perpetuity, or, Remoteness in Limitations of Estates: As Applicable to the Various Modes of Settlement of Property,*

度的起源、类型及作用，永业及禁止永久权规则只是作为授产制度的法律背景简单介绍，并非研究重点。[①] 信托法学家的研究认为，禁止永久权规则产生后便被应用于信托法（非慈善信托）中，成为限制信托期限的关键因素，扩散到受英国法影响的地区。[②] 对于市场性的土地流转，法律史学者侧重研究民众土地产权与土地流转的关系，分析不同法律身份的土地持有人拥有不同的土地流转

（接上页）*Real and Personal, and in Its Bearing on the Different Modifications of Ownership in Such Property*, London: Saunders and Benning, 1843; Charles Sweet, "Perpetuities", *Law Quarterly Review*, Vol. 15, No. 1 (Jan., 1899), pp. 71-85; William L. Burdick, *Handbook of the Law of Real Property*, St. Paul: West Publishing Company, 1914; John Chipman Gray, *The Rule Against Perpetuities*, Boston: Little, Brown and Company, 1915; Percy Bordwell, "Alienability and Perpetuities", *Iowa Law Review*, Vol. 25, Issue 1 (Nov., 1939), pp. 1-31; George L. Haskins, "Extending the Grasp of the Dead Hand: Reflections on the Origins of the Rule against Perpetuities", *University of Pennsylvania Law Review*, Vol. 126, No. 19 (1977), pp. 19-46; A. W. B. Simpson, *A History of the Land Law*, Oxford: The Clarendon Press, 1986; Charles J. Reid, Jr., "The Seventeenth-Century Revolution in the English Land Law", *Cleveland State Law Review*, Vol. 43, No. 221 (1995), pp. 237-239; J. H. Baker, ed., *Baker and Milsom, Sources of English Legal History, Private Law to 1750*, Oxford: Oxford University Press, 2010.

① H. J. Habakkuk, "Marriage Settlements in the Eighteenth Century", *Transactions of the Royal Historical Society*, Vol. 32 (1950), pp. 15-30; Lloyd Bonfield, *Marriage Settlement, 1601-1704: The Adoption of the Strict Settlement*, Cambridge: Cambridge University Press, 1983; Lloyd Bonfield, "Marriage Settlements and the 'Rise of Great Estates': The Demographic Aspect", *The Economic History Review*, New Series, Vol. 32, No. 4 (Nov., 1979), pp. 483-493; Lloyd Bonfield, "Affective Families, Open Elites and Strict Family Settlements in Early Modern England", *The Economic History Review*, New Series, Vol. 39, No. 3 (Aug., 1986), pp. 341-354; Eileen Spring, *Law, Land and Family: Aristocratic Inheritance in England, 1300-1800*, Chapel Hill & London: The University of North Carolina Press, 1993; Eileen Spring, "The Strict Settlement: Its Role in Family History", *The Economic History Review*, New Series, Vol. 41, No. 3 (Aug., 1988), pp. 454-460.

② Lawrence M. Friedman, *Dead Hands: A Social History of Wills, Trusts, and Inheritance Law*, Stanford: Stanford University Press, 2009; Graham Moffat and Gerry Bean, eds., *Trusts Law: Text and Materials*, London: Butterworths, 1994; Gary Watt, *Trusts and Equity*, Oxford: Oxford University Press, 2018; Philip H. Pettit, *Equity and the Law of Trusts*, Oxford: Oxford University Press, 2012.

权限，如迪戈比、艾德金、甄克斯、梅特兰、霍兹沃斯、辛普森、米尔索姆、贝克等。①

重商主义是近代英国民族国家建构中的产物。重商主义在农业方面较为典型的政策是谷物法及保护性关税政策。政府通过立法调节谷物及农产品价格，控制进出口量，稳定国内市场，获取贸易利润。无论是谷物还是羊毛、纺织品的生产，都离不开土地。随着封建主义的衰亡，土地的军事、法律属性逐渐被经济属性超越，土地的商品化程度不断提高，民众实际的土地占有权得到多重法律保障，产权的激励作用得以显现。民众日渐明确的地权不仅保障了土地流转的顺畅程度，还有助于提高农业生产效率，成为农业资本主义的先决条件。随着庄园制的衰落，土地租赁现象愈发常见，土地流转日渐频繁。租赁使民众有机会规避土地产权对生产规模的限制，使劳动力、资本和土地资源的配置在动态中趋于优化。

自新史学兴起以来，西方史学家从对政治史的关注逐渐转移到经济社会史的研究上来，越来越多的学者从民众的实际情况出发，关注其权利问题、经济状况和生活水准，注重考察民众在社

---

① K. E. Digby, *An Introduction to the History of the Law of Real Property: With Original Authorities*, Oxford: The Clarendon Press, 1876; B. W. Adkin, *Copyhold and Other Land Tenures of England*, London: Estates Gazette Ltd., 1911; E. Jenks, *A Short History of English Law*, Boston: Little, Brown, and Company, 1912; F. W. Maitland and F. C. Montague, *A Sketch of English Legal Law*, New York and London: G. P. Putnam's Sons, 1915; William Holdsworth, *An Historical Introduction to the Land Law*, Oxford: The Clarendon Press, 1927; A. W. B. Simpson, *A History of the Land Law*; S. F. C. Milsom, *Historical Foundations of Common Law*, London: Butterworths, 1969; John Baker, ed., Baker and Milsom, *Sources of English Legal History, Private Law to 1750*; J. Oxley-Oxland and R. T. J. Stein, *Understanding Land Law*, Oxford: Taylor & Francis, 1985; J. G. Riddall, *Introduction to Land Law*, London: Butterworth & Co., 1988.

会变革中发挥的作用。在这些学者中，有专门研究土地市场者，如乔伊斯·扬、霍伊尔、斯科菲尔德等[①]；有研究农业问题而涉及土地权利及土地流转者，如托尼、克里奇、瑟斯克、麦克法兰等[②]；有研究英国经济社会史而涉及土地交易者，如坎贝尔、惠特尔、克莱等[③]；还有大量关于土地市场的地方性研究，例如霍斯金斯对米德兰地区土地市场的研究，克佑对德文郡土地市场的研究，黑尔对威尔特郡自营地出租情况的研究，希尔对伊利主教区教产的研究，乔伊斯·扬对德文郡修道院土地流转的研究和霍尔德内斯对18世纪林肯郡土地市场的研究等[④]。

---

① Joyce Youings, *Sixteenth-Century England*, London: Penguin Books, 1984; R. W. Hoyle, "Tenure and the Land Market in Early Modern England: Or a Late Contribution to the Brenner Debate", *The Economic History Review*, New Series, Vol. 43, No. 1 (Feb., 1990), pp. 1-20; Phillipp R. Schofield, "Dearth, Debt and the Local Land Market in a Late Thirteenth-Century Village Community", *The Agricultural History Review*, Vol. 45, No. 1 (1997), pp. 1-17.

② R. H. Tawney, *The Agrarian Problem in the Sixteenth Century*, New York: Harper & Row, 1967; Eric Kerridge, *Agrarian Problems in the Sixteenth Century and After*, London: George Allen & Unwin Ltd., 1969; Joan Thirsk, ed., *Agrarian History of England and Wales*, Vol. 4, Cambridge: Cambridge University Press, 1967; Alan Macfarlane, *The Origins of English Individualism*, London: Blackwell Publishers, 1978.

③ Mildred Campbell, *The English Yeoman under Elizabeth and the Early Stuarts*, New York: A. M. Kelley, 1968; Jane Whittle, *The Development of Agrarian Capitalism: Land and Labour in Norfolk, 1440-1580*, Oxford: Oxford University Press, 2000; C. G. A. Clay, *Economic Expansion and Social Change: England 1500-1700*, Cambridge: Cambridge University Press, 1984.

④ W. G. Hoskins, *The Midland Peasants: The Economic and Social History of a Leicestershire Village*, London: Macmillan & Co. Ltd., 1957; John Kew, "The Disposal of Crown Lands and the Devon Land Market, 1536-1558", *The Agricultural History Review*, Vol. 18, No. 2 (1970), pp. 93-105; J. N. Hare, "The Demesne Lessees of Fifteenth-Century Wiltshire", *The Agricultural History Review*, Vol. 29, No. 1 (1981), pp. 1-15; Felicity Heal, "The Tudors and Church Lands: Economic Problems of the Bishopric of Ely during the Sixteenth Century", *The Economic History Review*, New Series, Vol. 26, No. 2 (1973), pp. 198-217; Joyce A. Youings, "The Terms of the Disposal of the Devon Monastic Lands, 1536-1558", pp. 18-38; B. A. Holderness, "The English

国内学界同样对近代早期英国土地问题较为关注，具有代表性的学者有侯建新、沈汉、向荣、赵文洪、王晋新、黄春高、咸鸿昌等。[①]亦有学者在探讨英国社会转型时期的经济问题时对农民及土地问题进行研究，如陈曦文、王乃耀、张卫良等。[②]

本书以16—17世纪为时间跨度，以英国土地流转为核心议题，以地权演进为线索，将土地流转置于英国封建主义衰落和民族国家兴起的视野中展开研究，考察转型时期英国土地与政治、经济和社会结构变革之间的内在联系，揭示社会发展的整体性与关联性，全面深化对英国社会变迁的理解。

本书正文共七章，分为四个部分进行论述。第一部分即第一章“土地流转概况”，该部分通过对近代早期英国土地流转的制度根源、法律因素和时代特征的梳理，回应了“为何需要土地流转”的问题。

（接上页）Land Market in the Eighteenth Century: The Case of Lincolnshire ", *The Economic History Review*, Vol. 27, No. 4 (Nov., 1974), pp. 557-576.

① 侯建新：《现代化第一基石——农民个人力量与中世纪晚期社会变迁》，天津社会科学出版社1991年版；侯建新：《欧洲文明进程·农民地权卷》，商务印书馆2023年版；侯建新：《圈地运动与土地确权——英国16世纪农业变革的实证考察》，《史学月刊》2019年第10期；侯建新：《英国近代土地确权立法与实践》，《世界历史》2021年第4期；沈汉：《英国土地制度史》，学林出版社2005年版；赵文洪：《英国公地制度研究》，社会科学文献出版社2017年版；向荣：《敞田制与英国的传统农业》，《中国社会科学》2014年第1期；王晋新：《都铎王朝对教会地产的剥夺及意义》，《历史研究》1991年第2期；黄春高：《分化与突破——14—16世纪英国农民经济》，北京大学出版社2011年版；咸鸿昌：《英国土地法律史》，北京大学出版社2009年版。

② 陈曦文：《英国16世纪经济变革与政策研究》，首都师范大学出版社1995年版；陈曦文、王乃耀：《英国社会转型时期经济发展研究》，首都师范大学出版社2002年版；张卫良：《英国社会的商业化历史进程：1500—1750》，人民出版社2004年版。

第二部分涵盖第二章至第四章，该部分从土地保有制的视角出发，介绍了不同类型土地保有制的历史沿革，自由持有地、公簿持有地和租赁持有地的法律类型、权益及流转的特点和方式，探讨了“如何土地流转”的问题。

第三部分包括第五章和第六章，分别聚焦于“宗教改革”和“英国革命”这两大历史事件中的土地流转问题。该部分通过对市场性土地流转的细致考察，揭示了土地流转在重大历史事件中的重要意义及其对近代早期英国社会发展产生的深远影响。

第四部分即第七章“永业与家内土地流转”，该部分梳理了土地在家族内部的流转状况，分析了家内土地集中化与近代英国法律、政治变革之间的密切联系，探讨了家内土地流转与社会变革之间相互作用的问题。

他山之石，可以攻玉。研究英国社会变迁中的地权、土地流转及相关问题，解码英国传统社会机制演进的要素，有助于我们挖掘英国土地制度遗产，为我国农业改革中可能遇见的问题提供启发。

第一章　土地流转概况

第一节　土地流转的制度根源

在进入封建社会之前，不列颠岛经历了远古时代、罗马统治时代和盎格鲁-撒克逊时期。根据《盎格鲁-撒克逊编年史》的记载，大约在公元 5 世纪中叶，不列颠人邀请盎格鲁人前来协助抵御皮克特人，此后盎格鲁人、撒克逊人、朱特人等相继移居不列颠岛[①]，而岛上的原住民在西部和北部保存下来，成为爱尔兰人、威尔士人和苏格兰人。盎格鲁人、撒克逊人、朱特人等在英格兰建立了许多部落小国，此后列国代兴、时战时和、交替称霸，进入七国争雄时期。8 世纪末 9 世纪初，以捕鱼和航海劫掠维生的北欧维京人大举入侵，使得原本战事不断的英格兰更加动荡不安。在抵抗维京人入侵的过程中，盎格鲁-撒克逊人的认同感和凝聚力加强了，原本争战不断的七国加速走向联合，其中东部沿海地带的肯特、东盎格利亚、埃塞克斯和南部的苏塞克斯被亨柏河以北

① 《盎格鲁-撒克逊编年史》，寿纪瑜译，商务印书馆 2016 年版，第 11—12 页。

的诺森伯里亚、亨柏河以南的麦西亚和南部的威塞克斯兼并。公元 829 年，威塞克斯从三国中脱颖而出，国王埃格伯特（Egbert）征服了霸业垂成的麦西亚和内乱频发的诺森伯里亚，被尊为“盎格鲁-撒克逊盟主”。

初步统一的英格兰在维京人的侵扰面前节节败退。埃格伯特之孙子阿尔弗雷德（Alfred the Great）即位后推行了内政、司法和军事改革，曾有效地阻止了丹麦人的进一步入侵。公元878 年，阿尔弗雷德虽然取得了爱丁顿战役的胜利，但无力继续抵抗，于是向丹麦人求和。丹麦人接受了阿尔弗雷德的停战条件，双方签订《韦德莫尔条约》(The Peace of Wedmore)，划疆而治，英格兰西南部由阿尔弗雷德统治，“从泰晤士河口到提兹河的整个东英格兰部分，割让给丹麦人”，这片广阔的区域即为“丹法区”(Danelaw)，“这就是丹麦人从侵犯到殖民的转折点”。[①] 但是，丹法区并非铁板一块，我们“不应该认为，这块西面以从伦敦到切斯特的古罗马道路为界的广袤领土，在征服者手中形成了一个单一的国家”，因为征服者“时而因联盟或从属关系而联合起来，时而因争执而彼此反目”，它常常处于四分五裂的状态。[②] 这为威塞克斯的王位继任者收复失地创造了机会。

阿尔弗雷德的功绩在于保存王国不至于被丹麦人吞并，但即便到他统治后期，征服被丹麦人控制的地区仍显得那么遥不

---

① 〔美〕汤普逊：《中世纪经济社会史》（上册），耿淡如译，商务印书馆 1997 年版，第 345 页。

② Marc Bloch, *Feudal Society*, Vol. 1, London & New York: Routledge, 1989, p. 22.

可及。[①]阿尔弗雷德临终之际将王位传给其子“长者爱德华”（Edward the Elder），他攻城略地，终生征战，以期光复丹法区。爱德华重组民兵，沿用并改良父亲的修道筑堡战术，即每攻入维京人的一个辖区就修建堡垒，“堡与堡之间的距离一般为20英里，约相当于一天的行军路程”[②]，新修建的堡垒与业已建成的堡垒连成网络，目的是巩固战果，以此为后盾，稳固地向丹法区推进。

经过多年的东进北伐，爱德华的统辖范围囊括亨柏河以南的英格兰全部地区，光复了大部分的丹法区。到公元920年，“苏格兰国王和全体苏格兰人，拉格纳尔德、埃德伍尔夫的诸子，以及诺森伯里亚的全体居民，包括英格兰人、丹麦人、北欧人和其他人，还有斯特拉斯克莱德的威尔士人的国王和所有的斯特拉斯克莱德的威尔士人，都选择他为父亲和封君”[③]，凭借卓越战功，爱德华被尊称为“盎格鲁-撒克逊之王”[④]，这为英格兰人收复失地打下了良好的基础。此后，长者爱德华之子埃塞斯坦（Athelstan）继位，他同父亲一样将收复失地作为毕生目标，使威塞克斯王国在英格兰北部确立了优势。但英格兰的统一大业并未完成，10世纪末丹麦人卷土重来，重新掌权，最终因为绝嗣，王位旁落，引发了又一场血雨腥

---

① D. J. V. Fisher, *The Anglo-Saxon Age, c. 400-1042*, London & New York: Routledge, 2014, p. 225.

② James Campbell, Eric John and Patrick Wormald, eds., *The Anglo-Saxons*, New York: Cornell University Press, 1982, p. 152.

③ 《盎格鲁-撒克逊编年史》，寿纪瑜译，第113页。

④ N. J. Higham and D. H. Hill, eds., *Edward the Elder: 899-924*, London & New York: Taylor & Francis, 2013, p. 54.

风，此后英格兰开启了一个新纪元，进入封建时代。

在盎格鲁-撒克逊时期，英格兰人对抗丹麦人所取得的军事上的胜利为统一英格兰打下了基础，这些军事上的胜利与当时英格兰人构筑的攻防体系密不可分。面对强悍的丹麦人和延绵的战事，对国王来说，打仗不仅需要有稳定的兵源，而且应当确保将士的忠诚。除此之外，强者还需对弱者提供保护，这样社会才能稳定，秩序才能恢复。于是在当时逐渐产生了一种以土地为媒介的军事服役体系，国王与将士们结成了一种封赐和效忠关系。作为国王直属封臣的塞恩（Thegn）一般可得不低于5海德（大约600英亩）的土地，但须履行服兵役、修堡垒、架桥梁这三项基本义务。由于守备对维系战果同样重要，除了塞恩可以获得相当数量的领地，卫戍堡垒的人同样可以获得一定数量的土地。根据当时修筑堡垒的原则，堡垒的城墙以“杆”（Pole）为单位防御长度，每杆约$5\frac{1}{2}$码，由四名士兵卫戍；每名士兵配备1海德土地，分配给每堡的土地数量需确保当地有充足的人手进行卫戍。[①]若城墙长20杆，则该堡垒需配备80海德的土地。[②]

总体来看，将士们拥有的土地规模并不小，大地产初具规模。土地占有的变化不可避免地导致社会关系发生变化，从占有土地中衍生出来的人身依附关系跨越了地域的隔阂，越来越强于血缘亲族关系，进而保障了这种攻防体系的可靠性，是一种有效的制

① Michael Lapidge, John Blair, Simon Keynes, and Donald Scragg, eds., *The Wiley Blackwell Encyclopedia of Anglo-Saxon England*, New Jersey: Wiley Blackwell, 2014, p. 79.

② James Campbell, Eric John, Patrick Wormald, eds., *The Anglo-Saxons*, p. 152.

度安排。与此同时，为赎买和平而向丹麦人交纳的“丹麦金”被分担到普通民众身上，这使得许多自由民的生活难以为继，不得不委身于拥有大量土地的将士们；没有破产的自由民也因饱受战乱之苦而寻求强者的庇护。这些人以牺牲自由的身份和服劳役为代价，换取土地和庇护，封建因素在盎格鲁-撒克逊社会中悄然萌生，这为诺曼征服后英格兰封建化的顺利进行奠定了基础。

1066年，英格兰国王爱德华（Edward the Confessor）无嗣而亡。来自诺曼底的威廉公爵打败了英格兰本土贵族家族的高德温，历经万险入主英格兰，英格兰正式进入封建时期，盎格鲁-撒克逊时期形成的封建因素也延续下来了。盎格鲁—诺曼二元王权的统治局面以及动荡的英格兰社会令威廉一世（William I）的统治并不稳定。为了巩固统治，威廉意识到应当把将士们与土地占有密切结合起来，为王权打下坚实的政治与经济基础。国王是英格兰全部土地的所有者①，为了获取世俗贵族和教会贵族的支持，威廉把土地在将领们之间层层分配，通过受封而领有的自由土地为封土，受封者为直属封臣②。以封土为纽带，国王与这些直属封臣缔结了封建君臣关系。将土地分封给威廉统治集团内部的核心成员对于新政府成功确立至关重要。③

---

① Edmund King, *England, 1175-1425*, London: Routledge & Kegan Paul, 1979, p. 44.

② William Blackstone, *Commentaries on the Laws of England*, Vol. 2, Oxford: Printed for the Clarendon Press, 1768, p. 60.

③ Douglass C. North, John Joseph Wallis and Barry R. Weingast, *Violence and Social Orders: A Conceptual Framework for Interpreting Recorded Human History*, Cambridge: Cambridge University Press, 2009, p. 79.

在这种封君封臣关系中，有两点需要考量：一是国王如何管理分封出去的土地，二是直属封臣如何履行自己的役务。首先，对于威廉来说，成为英格兰国王后最为重要的举措就是保障王位的延续，而王位是否能顺利延续则取决于能否有效地控制拥有地产和兵权的贵族。为了加强中央集权，在分封土地之时，封君把分散于各地的地产，而不是集中的地产分封给直属封臣。封土分散的状况增加了直属封臣直接管理封土的难度，于是土地的次级分封就不可避免。其次，封臣获得封土须以履行一定役务为条件，其中一类情形即为，封臣依据其所获封土之大小，提供相应数量的骑士以供国王征召。为了保证兵源和管理封土，这些直属封臣会按照国王的分封模式继续分封，受封者成为国王的次级封臣。例如国王的直属封臣威廉·德·奥威仅在赫特福德郡就拥有约 26 海德的土地，他本人并不直接耕作经营，而是再分封出去。[①] 次级封臣一般提供 5—10 名骑士，骑士又以服兵役为条件从次级封臣处获得小块地产。军事色彩是早期封建主义的重要特征。

尽管分封模式可以复制，但同属于封君序列的国王与直属封臣对土地分封的关注点仍有区别。直属封臣在选择次级分封的骑士的人选和数量方面具有较高的自主权，而国王主要关注直属封臣为了履行役务所提供的具装骑士数量。[②] 也就是说，国王关注的是直属封臣能不能完成任务，而不是特别关心选择谁来完成任务，

① William Page, ed., *The Victoria History of the County of Hertfordshire*, Vol. 1, London: Archibald Constable and Company Limited, 1906, p. 282.

② David C. Douglas and George W. Greenaway, eds., *English Historical Documents, 1042-1189*, London and New York: Routledge, 1996, p. 863.

除非被选之人不能胜任。只要完成任务，至于封臣怎么管理封地、是否继续分封，国王就不怎么插手了。可见，分封意味着王国权力随着土地流转而不断下移，客观上国王对封土及封臣的控制力越来越弱，封建人身依附关系日趋松散，难以逆转。

封建模式的延续需要以充足的土地为基础，土地的分封不可避免地产生离心力。为了解决这两个问题，征服者威廉于 1085 年圣诞节在格洛斯特下令对王国进行特别调查，次年，“派人到全英格兰的每个郡，让他们查出郡里有多少匹马，或国王本人在国内有哪些土地和牲畜，或他在 12 个月内应从郡里得到哪些款项。他还记录了他的大主教、主教、修道院院长和伯爵有多少土地……在英格兰占有土地的每个人有多少土地或牲畜，以及这些土地价值多少钱。他调查的范围非常精细，以至于没有一张皮、一块地、一头牛、一头猪被遗漏而没有被记入他的记录中；所有这些记录后来都被带到了他那里”[①]。这就是财产调查清册《末日审判书》。在土地调查的基础上，如何加强国王对封臣的控制是另外一个亟待解决的问题。1086 年威廉召集封臣在索尔兹伯里召开效忠宣誓会，要求全英所有领主对他行臣服礼，保证永远效忠，史称“索尔兹伯里盟誓”，确立了“我的附庸的附庸也是我的附庸”的原则，隐含了威廉打造“君权至上”的野心。自此，在英格兰逐步形成了以国王为中心、以封土占有为基础、以封君封臣关系为纽带的封建等级制度。

---

① David C. Douglas and George W. Greenaway, eds., *English Historical Documents, 1042-1189*, p. 858.

威廉打造的封建等级制度随着其统治的稳定在英格兰延续下来，成为一种复杂且松散的等级体系。封君与封臣之间的封建关系并非垂直的、线性的关系，他们如同被笼罩在一张巨大的网格之中，由封君封臣之间的权利义务来维系。一旦结成封君封臣关系，双方就应承担相应的义务并享受应得的权利。封臣提供的义务即封君获得的权利，封君提供的义务则为封臣享受的权利。因此，这种权利与义务关系是相互的，具有原始契约因素。

社会上层构建的封建关系，在社会底层得到了复制与再现。从封君处获得封地的封臣再次将土地分封出去，直到落实到乡村的基层组织——庄园。庄园是王国治理结构和土地占有的基本单位，一般为骑士所有，也可以直属于直属封臣，甚至国王。有权势的领主往往控制着多个庄园，甚至可多达百个。[①] 庄园土地通常由农人进行耕作。这些农人以服劳役兼交纳实物地租为条件，从庄园领主那里获得土地，双方同样缔结了封建关系。

正是由于封地的分散和次级分封不断复制，迫切需要一种规范分封者与受封者之间权利与义务的制度，土地保有制（Tenure）便应运而生了，它是指保有人（tenant）按照承担一定义务为条件，从领主那里取得土地的制度。在土地保有制中，土地的授予人（feoffor）即为领主，受封人则为保有人（tenant）。民众因承担不同的封建义务而享有保有土地并获得收益的权利，成为不同层次的封臣或附庸。同一块土地上的所有者、占有者、使用者可能

① Douglass C. North, John Joseph Wallis and Barry R. Weingast, *Violence and Social Orders: A Conceptual Framework for Interpreting Recorded Human History*, pp. 79-80.

并不统一，高一级的土地保有权与次一级的土地占有权并存。可见土地的次级分封不可避免地导致土地权利的分割，也意味着土地上附着了多重封建关系。

土地的不断分封，以及不同层次的封臣均享有特定的土地权益，都意味着彼时英格兰没有形成大陆法系“所有权”的概念。法律史学家梅特兰考证了“所有”（own）和“所有权”（ownership）的表述，认为自1340年后“所有”才逐渐被广泛使用，泛指权利人对各种土地权利的拥有；“所有权”这个概念，在1583年前很少能够找到例证，近代早期著名的大法官爱德华·柯克爵士是比较早使用“所有权”这个概念的，他认为自由继承地产权（fee simple）可以大致相当于“绝对所有权”（absolute ownership）。[①] 但并不是说自由继承地产权就是绝对所有权，柯克爵士指出，无论哪种类型的土地保有人，都是直接或间接从国王那儿保有的。[②] 也就意味着获得土地都需要付出一定“代价”。从纵向来看，封臣或附庸因持有不同类型的土地而需要履行不同的封建役务。从横向来看，各级封君或领主还享有许多封建附属权利。特别是国王凭借王室领主权对封建附属性义务进行分配、调整，成为最高封建主。[③]

---

① F. Pollock and F. W. Maitland, *The History of English Law before the Time of Edward I*, Vol. 2, Cambridge: Cambridge University Press, 1898, p. 153, note.

② Christopher W. Brooks, *Law, Politics and Society in Early Modern England*, Cambridge: Cambridge University Press, 2008, p. 325.

③ Scott L. Waugh, *The Lordship of England: Royal Wardships and Marriages in English Society and Politics, 1217-1327*, Princeton: Princeton University Press, 1988, p. 192.

在英格兰封建体系下，封君固然对封臣及其所辖封土拥有相应的权益，但封臣亦对土地拥有一定的权利，主要涉及土地继承与转移。然而，封臣享有的土地权利受制于封建法则和普通法继承规则，其权利性质与现代意义上的私有产权存在显著差异。封臣的土地权利之所以受限，是由封土的授予方式及其法律属性决定的，体现了封建社会中封君掌控封臣的意图。因此，封臣在土地继承与流转方面无法自由决定，进而催生了对于土地自由处分的需求。

第二节　土地流转的法律因素

普通法、衡平法和制定法是英国法的三大历史渊源[①]，均对土地流转产生了重要的影响。在盎格鲁-撒克逊时期，英格兰尚未形成统一的司法体系，也没有建立起常设的专职法庭，诉讼程序充斥着神判法、水判法、宣誓等落后的审判方式，各地实行的是地方习惯法。诺曼征服给英格兰带来巨大的变化，自此英格兰进入封建时代，土地的分封意味着王国的政治权威并不统一，国王的司法权也是有限的。这是因为封建领主在获得土地的同时，也获得了其辖地的司法审判权。如果封建领主为争夺土地而私战不断，

① 法律渊源可以用来指法律的表现形式，英国法大致分为判例法和成文法，其中普通法和衡平法都体现为判例法，制定法则属于成文法。高鸿钧主编：《英美法原论》（上卷），北京大学出版社 2013 年版，第 29 页。

社会秩序难免混乱。自诺曼王朝开始便努力构建一种以国王为中心的封建土地制度和中央集权的政治及司法制度。

到12、13世纪，英格兰的法律制度发生了根本性的变化。在安茹王朝统治期间，国王亨利一世（Henry I）即位之初就确认了《自由宪章》，接下来采取了一系列措施加强中央集权。御前会议开始分工，财政署和文书署得以从中独立，建立了王室巡回法官制度以惩罚犯罪、维持社会治安。这些巡回法官既处理民事案件，也处理刑事案件。[①] 国王亨利二世（Henry II）为加强对英格兰的统治和集中王室司法权，着手调整司法体制，建立令状制度、专业法庭、巡回审判制度以及陪审团制度等[②]，并不断扩大王室的司法审判权，逐步削弱地方公共法庭[③]和封建法庭[④]的司法权，为英格兰统一法律的形成创造了先决条件。随着司法案件的日益增多，它们逐渐被吸引到王室法庭之中，原先分散存在的地方习惯法也逐渐走向融合，进而构筑了王室法律体系的坚实基础，到13世纪末逐步形成了通行全国的普通法。民事纠纷是普通法处理的最为

① 肯尼斯·彭宁顿：《中世纪法律》，载〔美〕詹姆斯·M. 鲍威尔：《中世纪研究导论》，汪辉、喻乐译，北京大学出版社2021年版，第444页。

② R. C. van Caenegem, *The Birth of the English Common Law*, Cambridge: Cambridge University Press, 1988, pp. 29-84.

③ 地方公共法庭主要是指郡法庭和百户区法庭。它们由自由土地持有人组成，原本享有受理刑事和民事案件的广泛权力。随着国王巡回法庭的建立和巡回审判制度的日益完善，这些法庭不但丧失了全部刑事案件的司法权，而且丧失了重大民事案件的司法权。参见程汉大主编：《英国法制史》，齐鲁书社2001年版，第67页。

④ 封建法庭包括领主法庭（Honorial Court）和庄园法庭（Manorial Court）两种，前者由领主亲自主持，后者由领主的管家主持，由不自由农民维兰组成，主要审理庄园内的土地纠纷、公用地使用权案件以及破坏农业生产活动的违法行为。参见程汉大主编：《英国法制史》，第68页。

主要的案件类型，民事纠纷又以土地纠纷最为常见。

随着普通法的产生，王室法庭已经开始区分两类佃领地（tenements），即自由持有地产和不自由持有地产。前者受到王室法庭的保护，采邑（fief/fee）就指的是这类土地，包括骑士邑（knight's fees）、自由索克邑（free socage）以及城镇采邑（in burgage）等。后者意味着持地期限和履行役务的不确定性，难以获得王室法庭的救济。[①] 在法庭区分两类土地的基础上，土地保有性质不断规范。土地保有人按履行的役务是否确定分为不自由保有制（Unfreehold tenure）和自由持有保有制（Freehold tenure）。这种划分并非依据土地保有人的实际经济状况，而是持有土地的法律类型决定了土地保有人的法律身份。王室法庭的这一划分影响深远，如果确定是以自由持有的形式占有土地，就会得到王室法庭的充分保护；如果是以维兰保有制占有土地，就会被视为按领主意愿来持有土地，一旦发生土地纠纷，就无法获得王室法庭的保护，只能在庄园法庭解决。[②]

当发生土地纠纷时，自由持有人首先可在庄园法庭提起诉讼，如果其认为庄园法庭没有公正地进行裁决，便可越过庄园法庭向王室法庭进行申诉，从而“寻求正义”。随着王室司法的扩张，诉讼程序也不断完善。例如新近侵占之诉等令状正是王室法庭向自由持有人提供解决土地占有纠纷的司法途径，当一个人的自由持

① Marc Bloch, *Feudal Society*, Vol. 1, p. 189.

② F. W. Maitland, *The Constitutional History of England*, Cambridge: Cambridge University Press, 1920, pp. 35-36.

有地在未经审判的前提下就被不公正地侵占了，他可以申请王室令状，要求获得保护，而维兰或不自由农则缺乏这种权利。[①] 随着商品货币经济的发展，由于土地转租及承租现象的增多，主佃之间的纠纷有增无减，土地租赁逐渐得到普通法的救济，契约租佃被纳入土地保有制框架内。相应地，土地持有人可分为自由持有人、公簿持有人和租赁持有人，其土地权利存在差异，也决定了流转土地的权限。

普通法的发展并非停滞不前，例如在中世纪后期出现了新的刑事和民事责任原理，以及新的合同法理论，租赁权益和公簿持有权益也得到一定保护。[②] 但普通法有限的发展并不能掩盖其弱点，即"其发展过于依赖律师，而律师只熟悉这一极度封闭、高度技术化的复杂体系，因此他们更多关注技术性规则的逻辑发展，而非使实体法原则适应不断发展的社会需求"[③]。作为严格法[④]，形式主义是普通法的首要特征[⑤]，表现在令状制度，即形成"无令状无救济"的原则，这表明权利是受到严格界定的，除非能找到与案件完全相符的令状，否则当事人很难获得救济。令状制度虽然在早期得到了快速发展，但是从 14 世纪开始，便遭遇到不小的压力。

① F. Pollock and F. W. Maitland, *The History of English Law before the Time of Edward I*, Vol. 1, Cambridge: Cambridge University Press, 1898, p. 146.

② William Holdsworth, *Some Makers of English Law, the Tagore Lectures, 1937-1938*, pp. 65-66.

③ William Holdsworth, *Some Makers of English Law, the Tagore Lectures, 1937-1938*, p. 66.

④ 衡平法正是严格法的对立。参见 Henry Ballow, *A Treatise of Equity*, Savoy: Printed by E. & R. Nutt and R. Gosling, 1737, p. 3。

⑤ Roscoe Pound, *Jurisprudence*, Vol. 1, St. Paul: West Publishing Co., 1959, p. 385.

封建贵族和领主们越来越激烈地抵制王权的扩张，这导致接下来几代国王被迫承诺停止创制新令状。[①]这样一来，王室司法体系便无法创设新的救济，也就难以满足新的社会需求了。面对停滞的压力，国王们只好选择变革，授权大法官以正义为宗旨，在一些案件中提供给当事人超常规的救济。[②]

大法官并非只承担司法任务的独立官职，而是源自文书署的御前大臣。诺曼征服后，随着王室文书工作的日益繁重，负担文书职责的文书署逐渐成形，其职责不限于文书工作[③]，还包括代替国王实施正义，其主管者被称为御前大臣。御前大臣掌握国玺，是文书署的负责人、咨议会的政务官、国王封建权力的执行者，职能重叠，并且与司法关系密切。御前大臣不仅可以发布令状，甚至还能主持小型普通法法庭。[④]御前大臣被赋权处理那些反对国王（即国王为被告）而寻求救济的请愿，因为国王不能在王室法院被自己的令状起诉。这些事务在文书署的小袋事务处（the Petty Bag office）处理，因其档案为拉丁文书写而被称为拉丁事务部（Latin side）。此外，在处理来自咨议会的各种诉求过程中，御前大臣和文书署逐渐发展出来一种不同于普通法法院，也不同于自

① Tamar Herzog, *A Short History of European Law: The Last Two and a Half Millennia*, Cambridge: Harvard University Press, 2018, p. 133.

② Tamar Herzog, *A Short History of European Law: The Last Two and a Half Millennia*, p. 133.

③ Edward Jenks, *Law and Politics in the Middle Ages,* London: John Murray, 1898, p. 141.

④ Robert C. Palmer, *English Law in the Age of the Black Death, 1348-1381: A Transformation of Governance and Law*, Chapel Hill: The University of North Carolina Press, 1993, pp. 104-106.

身拉丁事务部的程序、做法和理论，因其诉状、诉答记录都使用英语而非拉丁语，因此又被称作英语事务部（English side）。[①] 衡平司法管辖权主要来自英语事务部。柯克爵士将之称为“特殊法庭”[②]。在普通法不能提供合适的令状的时候，御前大臣则依据“良心”（conscience）提供救济。[③]

尽管御前大臣与司法联系十分密切，但并不意味着他享有独立的司法管辖权，也不能说文书署几乎等同于一个独立的法院。1285 年，威斯敏斯特第二法令允许文书署形成类案原则（in like case），此时文书署的法庭职能并未独立出来。[④] 到爱德华三世（Edward III）统治后期，不通过国王，而是直接将请愿书交给大法官（御前大臣）来处理则更为常见。[⑤] 这被认为是大法官司法职能兴起的原因。从文书署分离出一个独立的法院——大法官法院始于14 世纪晚期[⑥]，在理查二世（Richard II）统治期间颁布法令扩大

---

① John Baker, *An Introduction to English Legal History*, London: Butterworth, 1979, pp. 86-87.

② Edward Coke, *The Fourth Part of the Institutes of the Lawes of England, Concerning the Jurisdiction of Courts*, London: Printed for John Streater, Henry Twyford, Elizabeth Flesher, 1671, p. 79.

③ Edward Jenks, *Law and Politics in the Middle Ages*, p. 144; William Bohun, *Cursus Cancellariæ, or, The Course of Proceedings in the High Court of Chancery*, Savoy: J. Nutt, 1715, pp. 5-6, 26; J. H. Thomas, ed., *A Systematic Arrangement of Lord Coke's First Institute of the Laws of England*, Vol. 3, London: Printed by S. Brooke, 1818, p. 328.

④ Edward Jenks, *Law and Politics in the Middle Ages*, p. 143.

⑤ K. E. Digby, *An Introduction to the History of the Law of Real Property: With Original Authorities*, pp. 285-286.

⑥ Joseph Biancalana, “Testamentary Cases in Fifteenth-Century Chancery”, *Legal History Review*, Vol. 76, Issues 3 and 4 (2008), p. 283.

了大法官法院的管辖权[1]。最初大法官以国王的名义作出判决，15世纪末，大法官首次以自己的名义作出判决[2]，这既标志着大法官法院的真正确立，也为衡平法的形成奠定了基础。

随着大法官法院的兴起，有些得不到普通法救济的案件由其受理，特别是民众借助用益授予实现土地转让而引发的不动产纠纷。有的学者认为，在15世纪50年代，大法官法院处理的约90%的案件都与用益授予有关。[3] 例如1459年发生在大法官法院的案件，某人曾将地产授予给四人，以自己和儿子为受益人。后来他想将地产出售给H，于是告知受封人，希望受封人将地产授予H，从而实现土地流转。[4] 再如1478年发生在大法官法院的案件，某女士在婚前曾将土地授予他人，该女士在婚后要求受封人在她去世后将土地转给丈夫及其继承人。[5] 依据普通法规定，该女士原本并无权订立遗嘱以处分土地。然而，通过用益授予的方式，她成功完成了土地转让，从而在实质上实现了对不动产权益的遗嘱处分。梅特兰评述道，有关用益的诉讼已经成为大法官法院的

---

① *The English Reports*, Vol. 86, Edinburgh/London: William Green & Sons/Stevens & Sons, 1908, p. 730.

② David J. Hayton and Charles Mitchell, *Hayton and Mitchell on the Law of Trusts & Equitable Remedies*, London: Sweet & Maxwell, 2010, p. 7.

③ Joseph Biancalana, "Medieval Uses", in Richard. H. Helmholz & Reinhard Zimmermann, eds., *Itinera Fiduciae: Trust and Treuhand in Historical Perspective*, Berlin: Duncker & Humblot, 1998, p. 142.

④ *Les Reports des Cases Contenus in les Ans Vingt Premier, & Apres en Temps du Roy Henry le VI*, Clark, New Jersey: Lawbook Exchange, 2007, fo. 35b-36a, pl. 23.

⑤ *Les Reports des Cases en Ley que Furent Argues en Temps du Roy Edward le Quart*, Clark, New Jersey: Lawbook Exchange, 2007, fo. 11, pl. 4.

"摇钱树"。[①]

到近代早期，从地产权规则来看，在普通法上非自由持有地产权不能被占有（seised），只能被拥有（possessed）[②]，这就决定了自由持有地与非自由持有地的转让规则和程序是不同的。由于在实践中区分土地的法律属性较为困难，在交易时不仅需要借助专业律师，而且当事人不得不同时采用两种转让程序以避免失误，提高了交易成本，不利于小规模的土地流转。有的持地人借助信托进行非自由持有地的转让，例如某公簿持有农借助信托将可继承的公簿持有地转让出去，但这个信托是有条件的，即该公簿持有农保留了赎回权。[③] 当出现纠纷时，衡平法院还可以提供司法救济。例如在某案中，托马斯·福斯特和汤利作为受托人为了婴儿查勒诺的用益占有一块租赁地，托马斯·福斯特侵占了地产收益，而汤利对此并不知情，故不用与前者一同进行偿还。衡平法院确立了信托受托人需要对信托地产获利（地租）负责的原则。[④]

此外，国王们也开始通过制定成文法的方式影响法律秩序，设置新的土地流转规则和程序。在中世纪英格兰，自由流转土地被视为损害封君封建权益、削弱主佃关系的行为，故各级领主都竭力限制土地转让。《大宪章》第 32 条明确限制自由持有人进行

---

① William Holdsworth, *Some Makers of English Law, the Tagore Lectures, 1937-1938*, p. 66.

② William Blackstone, *Commentaries on the Laws of England*, Vol. 2, p. 336.

③ *The English Reports*, Vol. 21, Edinburgh/London: William Green & Sons/Stevens & Sons, 1902, p. 4.

④ *The English Reports*, Vol. 79, Edinburgh/London: William Green & Sons/Stevens & Sons, 1907, p. 872.

土地流转，该条款声明："自此之后，没有一个自由人可以将其土地让渡或出售，以便留于手中的土地——领主的采邑——可以提供属于该采邑的义务。"[1]虽然法律上没有给予自由人流转土地的权利，但实际上在封建保有制下存在两种土地让渡的方式：一种是"替代"（Substitution），即新的土地受让人取代了土地保有关系中的原受让人，要给领主提供相应的役务；一种是"次级分封"（Subinfeudation），在土地授予人和受让人之间创建一层新的保有关系，原来的受让人成为中间领主，新的受让人则要承担相应的役务。后者成为更加常见的秘密流转土地的方式。[2]随着人身依附关系逐渐松动，土地流转的现象越来越频繁，领主愈发难以控制土地流转。有鉴于此，1290年爱德华一世时期颁布了《土地买卖法》（Quia Emptores）以规范土地的次级分封。这在英国历史上首次公开承认了买卖自由持有地的行为是合法的，确认了部分自由持有者转让土地的权利。但是，流转土地的类型仅限于自由继承地产（Fee simple）[3]，除此之外的土地类型并不能合法地进行流转，同时限制民众向教会流转土地。

在1540年代之前，虽然民众未被授权遗嘱处分土地，但是秘密转让土地的现象已经比较常见，订立遗嘱的现象在15世纪时也

---

① *The Statutes of the Realm*, Vol. 1, London: The London Institution, 1810, p. 117.

② J. M. W. Bean, *The Decline of English Feudalism, 1215-1540*, Manchester: Manchester University Press, 1968, p. 40.

③ *The Statutes of the Realm*, Vol. 1, p. 106.

较为普遍。[1] 秘密转让土地的方式有多种，特别是通过用益授予秘密流转土地的行为损害了国王及各级封建领主的封建权益。为了减少损失并增进国王权威，都铎君主亨利八世通过分化议员与输送利益的方式推动议会颁布《用益法》[2]，试图改变用益授予中占有权与用益权分离的状况，明确土地占有状况，规范土地流转，取消民众借助用益授予实现遗赠土地的权利，保障各级领主的封建权益。如何实现土地的用益权和占有权合并呢？议会再次以立法尝试解决这一问题，颁布《登记法》[3] 要求这类土地转让必须登记在案，由此便可将这类用益诉讼引流至普通法法院，这也是议会下院中律师和法官支持国王的重要因素。但理论与现实仍有较大差距，由于立法“制定得非常仓促，本应对规范土地保有及土地的普通法产权转让规则的法律有所简化，结果却创制出一套难以操作的制度，让情况变得愈加混乱”[4]。民众愈发对缺失自由处分权不满，推动了《遗嘱法》的出台，以平息民愤和调整社会关系。

根据《遗嘱法》规定，持有索克保有地或具有索克保有性质的土地的领主有权遗嘱处分其庄园、土地、保有物和可继承财产。骑士领持有人可以遗嘱处分其土地，但仅限于三分之二，国王保留监护权、先占权等权益。如果将其转让，持地人需要交纳一笔

---

① Barbara Hanawalt, *The Ties That Bound Peasant Families in Medieval England*, Oxford: Oxford University Press, 1986, p. 90.

② *The Statutes of the Realm*, Vol. 3, London: The London Institution, 1817, pp. 539-542.

③ *The Statutes of the Realm,* Vol. 3, p. 549.

④ Frederick Pollock, *The Genius of the Common Law,* New York: Columbia University Press, 1911, p. 50.

土地易主费。若是直接从国王而非其他领主处保有的骑士领，国王仍享有部分监护权、先占权等权益，比例占到所有财产年收益的三分之一。[①] 由法案内容可知，一方面国王的妥协相当有限，对订立遗嘱者的法律身份、遗赠的范围都有限制，并没有解决遗产的长久归属的问题。但从长远来看，《遗嘱法》颁布的历史意义不在于何种法律类型的人获得遗嘱处分资格以及何种法律类型的土地可以被遗嘱处分，而是法律开始承认持地人拥有遗嘱处分的权利，土地可以依据遗嘱进行流动，这是民众获得权利的起点。另一方面，该法案首次赋予民众遗嘱处分权，可以超越限嗣继承的限制，为家内土地流转提供了便利条件，增加了土地交易的数量，有利于土地市场的扩大。但是亨利八世并没有因为妥协而利益全失，因为封建附属性权益跟之前相比不管少了多少，终究是保留下来了。同年亨利八世还设立了“监护与财产让渡法庭”（the court of Wards and Liveries），该法庭的存在让封建捐税的征收和管理程序开始正式化。

都铎早期英国确立的国王与议会互助共治的政治思路与实践并未持续很久。自斯图亚特王朝统治初期，国王与议会的关系从携手合作转变为公开对立。詹姆士一世“君权神授”、王权高于法律的理念激化了国王与议会之间的矛盾，加剧了政治环境的复杂性。在法律方面体现在国王及其支持者衡平法院与议会及其支持者普通法法院的冲突不断，本质是国王与议会对于国家主权的

---

① *The Statutes of the Realm*, Vol. 3, pp. 744-746.

争夺。尽管 17 世纪初议会便着手废除国王的封建附属性权益并进行补偿，但国王迟迟未与之达成统一意见。直到英国革命，议会与国王发生正面冲突，王权大势已去，土地的军事功能完全消失，最终在 1660 年议会得以颁布法案取消骑士役保有制及监护法庭，并解决封君的补偿问题。该法案不仅明确指出取消骑士役保有制，将之转化为自由的、普通的索克保有制，还对于国王因取消骑士役保有制而损失的封建收入进行补偿，即补偿监护权、婚姻权、土地没收、先占权等封建附属性权益。① 废除骑士役保有制的意义重大，哈罗德·柏金指出，骑士役保有制的废除等一系列因素促使英国由领主权向绝对所有权转变，“这是英国历史上一次决定性的转型，使英国从根本上不同于欧洲大陆国家”。从土地产权的视角来看，这使得社会各阶层的人可以通过购买地产的方式成为地主，享有同等的权利与地位。②

第三节　土地流转的时代特征

戴雪曾言：“在任何特定的时代，都存在一个由信仰、信念、情感、公认的原则或根深蒂固的偏见组成的集合体，这些元素结合在一起，便构成了特定时代的公共舆论，或曰统治性或主流观

---

① *The Statutes of the Realm*, Vol. 5, London: The London Institution, 1819, pp. 259-260.

② H. J. Perkin, “The Social Causes of the British Industrial Revolution”, *Transactions of the Royal Historical Society*, Vol. 18 (1968), pp. 135-136.

点。”[①] 在16至17世纪的英国，土地无疑是政治、经济及社会的核心要素，其重要性不言而喻。社会各阶层积极参与土地交易，加速了土地流转，促进了土地市场的发展。

土地是贵族所享财富、权力和荣耀赖以存续的根本。[②] 有的贵族为了获取差额利润而从事土地投机买卖。[③] 有的贵族为了偿还债务而出售土地。[④] 也有贵族出售部分非家族核心地产，并积极购置土地扩充与维持家族核心地产的完整性，从而维护个人或家族的社会地位和政治地位。这是因为贵族持有的土地规模影响到选邑的分配，不少大贵族通过掌握选邑来控制选举，从而在国家事务的决策中发挥重要影响力。

乡绅阶层在当时的英国社会中扮演着举足轻重的角色。乡绅阶层积极参与土地交易，不仅出于盈利的考量，还有获取政治权力的意愿。他们在从事农牧业经营以获取农业利润的同时，亦通过土地买卖赚取差额，或通过签订市场性租约出租土地以获取租金。早在15世纪中叶，议会下院的参选资格便与土地和身份紧密挂钩，土地成为乡绅阶层进入议会下院并晋升为地方事务决策人的重要基石。乡绅阶层逐渐渗透到议会之中，出现了“乡绅入侵

---

① Albert V. Dicey, *Lecture on the Relation between Law and Public Opinion in England*, London: Macmillan & Co., 1905, pp. 19-20.

② Lawrence Stone, *The Crisis of the Aristocracy, 1558-1641*, Oxford: Oxford University Press, 1967, p. 135.

③ 案例可见 Joan Thirsk, ed., *Agrarian History of England and Wales,* Vol. 4, p. 351; R. H. Tawney, *The Agrarian Problem in the Sixteenth Century*, p. 381。

④ Joan Thirsk, ed., *Agrarian History of England and Wales*, Vol. 4, pp. 282-283.

议会”（gentry invasion）现象，从而得以分享贵族阶层的政治权力。这一现象凸显了近代早期英国土地所具备的超经济属性。

富裕农民约曼（Yeoman）也积极参与购买修道院地产、王室地产，并投身于圈地及拓荒活动中。① 这不仅可以扩大约曼家庭所持有的土地份额，使其能够从中获取可观的经营利润，还有助于其社会地位的提升。例如罗伯特·菲利普斯是林肯郡的一名约曼，他在 1583 年租下了威辛顿庄园，租期为 17 年，入地费为 45 英镑，年租金为 8 英镑 8 先令 2 便士。当他的租约大概还有 15 年到期时，菲利普斯以 1,006 英镑 10 先令的价格买下了庄园和其他土地。到 1603 年，他的财富和地位都有了足够的提升，被称为罗伯特·菲利普斯绅士。②

对于依附农来说，承租及购买自由持有地可以摆脱受奴役的身份，使个人的地位发生巨大变化。以博伊斯家族为例，约翰·博伊斯在 15 世纪 20 年代租下了维克的庄园，威廉·博伊斯在 15 世纪 30 年代紧随他也承租了土地。大约在 1450 年，威廉声称自己是自由人，两年后，他靠附近的肯斯维克庄园为生。五年后，他被描述为肯斯维克庄园的农民，这表明他作为承租人的活动为他提供了摆脱受奴役身份的途径。习惯佃户（customary tenant）托马斯·亚丁顿一家也展示了同样的变化。亚丁顿在 1471 年至 1525 年间承租了克莱夫庄园的自营地，根据 1474—1475 年庄园账簿的记载，他原本在庄园里仅仅持有 6 英亩习惯持有地。从 1488 年到

---

① Mildred Campbell, *The English Yeoman under Elizabeth and the Early Stuarts*, p. 70.

② Mildred Campbell, *The English Yeoman under Elizabeth and the Early Stuarts*, pp. 80-81.

他去世，亚丁顿在庄园法庭担任过各种职务，如庄官、法警和陪审员。1541年，亚丁顿的儿子小托马斯被授予自营地时，他在契约中被描述为自耕农，这表明承租土地使这个家庭从小持有农发生了较大的提升。在亨伯里的佃户中，约翰·瓦什伯勒根据习惯保有权只拥有5英亩土地，到1530年左右，他以80年租期承租了44.5英亩土地，承租土地改变了当地的土地占有结构。[①]再如，沃尔特·史密斯是理查德·史密斯的父亲（或祖父），理查德·史密斯在1410年至1411年间从主教管家处获得了土地，这可能意味着沃尔特出身农奴。理查德在1453年被承认为自由民。[②]

对于统治者来说，土地是平衡政治力量的工具。有的贵族因缺乏充足的土地而被降级，也有贵族被许以土地而维系荣耀。[③]例如，白金汉公爵爱德华因叛国罪于1521年被处决，国王获得其位于拉特兰郡兰厄姆教区兰厄姆庄园的归复权[④]，1531年国王又将该庄园授予缙绅亨利·诺里斯，其土地权利仅限终身。然而，亨利·诺里斯在1536年也因叛国罪被投入监狱，于是国王在1538

---

① Christopher Dyer, *Lords and Peasants in a Changing Society: The Estates of the Bishopric of Worcester, 680-1540*, Cambridge: Cambridge University Press, 1980, p. 213.

② E. B. Fryde, *Peasants and Landlords in Later Medieval England*, New York: St. Martin's Press, 1996, p. 82.

③ S. T. Bindoff, *Tudor England*, Harmondsworth, Middlesex: Penguin Books, 1950, pp. 29-30.

④ 归复权（Reversion）是指根据法律规定而产生的一种将来权益。例如，当地产所有人将其中的先行地产权——例如终身地产权或定期地产权——而非其所享有的全部权益授予他人时，则地产所有人在该先行地产权存续期间享有地产归复权（estate in reversion），期限届满后，该地产权复归其所有。参见薛波主编：《元照英美法词典》，法律出版社2003年版，第1197页。

年将庄园授予托马斯·克伦威尔勋爵，之后又封其为埃塞克斯伯爵。[①]赫特福德郡威斯特密尔庄园在1538年之前由修道院持有，在国王解散修道院后，该庄园被国王授予大法官托马斯·奥德利爵士，同年奥德利爵士晋升为瓦尔登奥德利男爵。他有两个女儿，玛丽尚未婚嫁便去世了，玛格丽特则有过两段婚姻。玛格丽特的第一任丈夫于1557年去世，该庄园就落到了她第二任丈夫——第四任诺福克公爵托马斯·霍华德手中。在1571—1572年，霍华德因被国王褫夺公权而被没收了庄园。[②]

统治者往往会采用分化议员与输送利益等手段，借助土地立法的途径来调整地权，进而确保其权益不受侵害。以《用益法》的颁布历程为例，便能够一窥其策略。通过用益授予实现土地流转到16世纪初已经成为普遍现象，民众借助用益授予获得了实质上的遗嘱处分权并能规避封建义务。为了规范土地流转、减少经济损失，国王着手对现行的土地制度进行改革。国王率先给予贵族在地产上设置限嗣继承的权利，帮助贵族将土地保持在家庭内部，不会因为用益授予而使家产分散，确保贵族的政治地位和家族荣耀，从而获得贵族的支持。作为回报，上院贵族与国王私下达成了一份协议，约定即便土地设置了用益，根据不同的情况，国王仍然享有三分之一到全部土地的监护权。中间领主跟国王一

① William Page, ed., *The Victoria History of the County of Rutland*, Vol. 2, London: Archibald Constable and Company Limited, 1935, p. 49.

② William Page, ed., *The Victoria History of the County of Hertfordshire*, Vol. 3, London: Archibald Constable and Company Limited, 1912, p. 399.

样享有同比例的监护权。[①]然而，这份协议并未给下院议员多少好处，反而使他们失去了通过用益授予分配家产和秘密转让土地的自由，故在下院就被否决了。土地改革之事便搁浅了。

后来，国王决定分化下院议员，与议员中的普通法律师们和法官们联盟。国王之所以能够获得他们的支持，与普通法法院所面临的困境有关。随着用益授予的广泛应用，大法官法院审理的用益相关案件日益增多。在15世纪后期，王座法院和民诉法院的诉讼案件数量大幅减少。到15世纪90年代，其审理的案件数量仅为15世纪中叶的一半，这些“失踪”的诉讼案件主要转移到大法官法院。[②]如若颁布《用益法》，可以使用益受封人的占有权和受益人的用益权合并为一体，受益人成为土地的唯一产权人，受到普通法的保护，此后用益案件可归普通法法院管辖，而不必到大法官法院审理，从而分割了大法官法院的案源。在1530年代的戴克勋爵案中，陪审团认为戴克勋爵的用益授予存在欺诈，他与受托人共谋（collusion）[③]，导致国王的封建性附属性权益受损。[④]当时判决的三位法官站在国王一边，认为勋爵通过用益授予进行的

---

① J. S. Brewer, ed., *Letters and Papers, Foreign and Domestic, of the Reign of Henry VIII: Preserved in the Public Record Office, the British Museum, and Elsewhere in England*, Vol. 4, Part 3, London: Longman & Co., 1876, No. 6044, pp. 2694-2695.

② Christopher Haigh, *English Reformations: Religion, Politics, and Society under the Tudors*, p. 73.

③ 共谋是指“两人或两人以上为了损害第三人的合法利益或获取非法利益而达成的协议。此协议中暗含着某种欺诈，或某种欺诈手段的使用，或以合法手段实现某种非法目的”。参见薛波主编：《元照英美法词典》，第248页。

④ John G. Bellamy, *Bastard Feudalism and the Law*, London: Routledge, 1989, p. 135.

遗嘱安排无效，即否认勋爵将位于诺福克郡、萨福克郡、苏塞克斯郡、汉普郡等地的庄园土地授予用益受封人的做法，因为受封人只是暂时为了勋爵妻子和儿子们的利益占有土地，最终还是要交还给他的两个儿子约翰和托马斯手中。①

整体来看，16 至 17 世纪英国的土地流转还呈现出以下四方面特点。

其一，土地流转的规模及费用存在差异性。并非所有个体均具备充分的经济条件去购置大块土地或整个庄园，故土地交易的规模存在个体性差异。以拉赫曼的研究为例，他对比了 1566 年诺福克郡与 1599 年德文郡两地修道院土地的购买情况。在诺福克郡，土地价格超过 300 英镑的交易案例仅有 3 件，价格在 75 至 299 英镑之间的交易案例为 11 件，价格在 25 至 74 英镑之间的交易案例为 25 件，而价格在 1 至 24 英镑之间的交易案例为 34 件。相较之下，在德文郡，土地价格超过 300 英镑的交易案例仅有 2 件，价格在 75 至 299 英镑之间的交易案例为 11 件，价格在 25 至 74 英镑之间的交易案例为 29 件，而价格在 1 至 24 英镑之间的交易案例多达 40 件。由此可见，小额土地交易在两地均占据多数，大额土地交易则相对较少。②

一般来说，有经济实力购买土地的是贵族、乡绅和富裕农民。

---

① J. S. Brewer, ed., *Letters and Papers, Foreign and Domestic, of the Reign of Henry VIII: Preserved in the Public Record Office, the British Museum, and Elsewhere in England*, Vol. 4, part 3, No. 6647, p. 2996.

② Richard Lachmann, *From Manor to Market, Structural Change in England, 1536-1640*, Wisconsin: Wisconsin University Press, 1987, p. 87.

贵族的土地交易往往地块大、金额高，特别是购买抛入市场的修道院地产和王室地产。乡绅中也不乏大手笔购买土地者，例如托马斯·格莱汉姆曾斥资高达32,000英镑购置土地。[①] 大多乡绅则购置中等规模地产（Medium-sized estates）。[②] 坎贝尔对1570—1640年间不同地区的4000份约曼购买土地的契约进行分析，指出有37%的约曼支付的购地金额低于50英镑，22%的约曼支付金额介于50至100英镑之间，还有19%的约曼支付了100至200英镑的购地费用。值得注意的是，仅有8%的约曼能够承担并支付超过500英镑的购地费用。[③] 乔伊斯·扬分析了3000份约曼的土地交易记录，发现有一半以上的购地价格低于100英镑，仅有不足10%的交易额超过了500英镑。[④] 可见约曼的经济状况与支付能力存在显著差异，多数约曼单次购买土地的规模不会太大。

其二，土地交易主体的身份及持地类型复杂且多样。尽管从土地保有类型来看，可以将自由持有人、公簿持有人和租赁持有人相区分开，但实际情况中，自由持有人不仅可以持有公簿持有地，还可以承租庄园自营地，而公簿持有人和租赁持有人也可以持有其他类型的土地，以致土地持有出现了重合，这种重合的现象加大了在实际交易中精确划分三类持有人的难度。事实上，从中世纪晚期开始，一部分公簿持有人和租赁持有人可以归入自由

① Joyce Youings, *Sixteenth-Century England*, p. 169.
② Joyce Youings, *Sixteenth-Century England*, p. 173.
③ Mildred Campbell, *The English Yeoman under Elizabeth and the Early Stuarts*, p. 78.
④ Joyce Youings, *Sixteenth-Century England*, p. 170.

持有人之列，或者可以说他们体现出自由持有的特征，特别是在享有土地权利的方面，可以自由处分且受保护。具体的实例如在莱斯特郡的特维尔庄园中，一些公簿持有人在购买公簿持有的农场之前本身就是自由持有人，在这些家庭中，很难区分到底谁是自由持有人，谁是公簿持有人。

不同社会身份的民众所持有的地产类型还呈现出多样性特征。当时人们更加关注的是土地的经济价值，而不是土地的法律属性。贵族通过多次买卖土地，特别是买下整个庄园，其中不仅有自由持有地，还有习惯持有地。乡绅在购买土地时很少关注这块地究竟是何种法律身份，也不以购买公簿持有地为耻。在 16 世纪晚期到 17 世纪，一些农场主往往可以同时持有公簿持有地、租赁持有地和自由持有地。[①] 萨福克郡的约曼尼古拉斯・弗莱格所拥有的自由持有地和公簿持有地分散在四个不同的庄园里；沃里克郡的爱德华・爱特伍德不仅自己拥有部分自由持有地，将来还有机会继承他父亲的公簿持有地；赫特福德郡的罗伯特・亚德勒同时持有租赁持有地和自由持有地；苏塞克斯郡 23 个庄园中有 19 个庄园的佃户同时持有自由持有地和公簿持有地。[②]

其三，土地流转呈现出地区差异性。英国东部地区受商品货币经济影响较早，自由买卖土地的现象较为常见，主要流行的是自由持有保有制和可继承的公簿持有保有制。例如，在亨廷顿郡

① R. C. Allen, *Enclosure and the Yeoman*, Oxford: The Clarendon Press, 1992, pp. 66-67.

② Mildred Campbell, *The English Yeoman under Elizabeth and the Early Stuarts*, p. 119.

有一半的土地保有制类型是自由持有保有制，少量土地被出租，其余的是可继承的公簿持有保有制。[①] 这两种土地保有人的土地权利比较充分，一般可以自由地处分土地。为获得高额地租（rack rent）的商业性租赁（commercial leases）也较为流行，这类租约普遍时长较短。在英国中西部主要流行为期数代的公簿持有保有制以及受益性租赁（beneficial leases）。公簿持有农一般选择交纳入地费、延长佃领期限或者采用让渡的方法实现事实上的土地交易；受益性租赁多采用租期较长的租约，在某些特殊的情况下以租赁之名实现事实上的土地转让。在英国北部，租佃权（tenant right）是主要的形式。17 世纪前，诺森伯兰郡、威斯特摩兰郡、达勒姆郡、库伯兰郡的佃户们因需要服兵役抵抗苏格兰人的入侵，就以比较优惠的方式保有土地，有些可继承的租佃权不需要交入地费或仅交纳很低的固定地租，但在更新地契时需要交纳土地易主费。由于租佃权可以转让，佃户为了获取现金可以自由地出售全部或部分的租佃权。[②]

其四，土地价格稳中有浮动。在 16—17 世纪的英国，土地售价被表述为 N 倍的年价值，其中年价值往往是当时的高额地租，可以体现土地的全部经济价值。例如一块年收益为 100 英镑的土地，售价是 2000 英镑，这意味着利润率为 5%，表述为以 20 倍年

---

① R. C. Allen, *Enclosure and the Yeoman*, p. 312.

② S. J. Watts, "Tenant Right in Early Seventeenth-Century Northumberland", *Northern History*, Vol. 6, No. 1 (1971), p. 66; Eric Kerridge, *Agrarian Problems in the Sixteenth Century and After*, p. 43; R. W. Hoyle, "Lords, Tenants and Tenant Right in the Sixteenth Century: Four Studies", *Northern History*, Vol. 20, No. 1 (1984), pp. 38-63.

金（twenty year's purchase）的价格买下，即土地售价＝年收益/利润率。以此类推，如果一块土地的利润率是10%，其价格则为10倍年金；如果土地的利润率是8%，售价则为$12\frac{1}{2}$倍年金；如果土地的利润率是6%，售价则为$16\frac{2}{3}$倍年金；如果土地的利润率是5%，售价则为20倍年金；如果土地的利润率是4%，售价则为25倍年金。①

自中世纪后期起，土地价格处于动态变化之中。罗格斯认为，在14世纪时，土地价格一般为10倍年金；至15世纪，工资水平相对较高，农产品价格则较为低廉，土地价格普遍维持在20倍年金左右，即土地利润率约为5%。②利达姆认为，16世纪前20年英国土地价格上涨非常缓慢，自国王解散修道院地产后，土地价格重新回归至20倍年金，此后没有充分的证据表明土地价格有大幅增减。思拉普亦持此观点，即在14世纪中期，土地的利润率约维持在6%—8%的区间；然而，进入15世纪，随着土地市价的攀升，利润率相应下降至5%左右。哈巴库克认为，在14—15世纪期间，土地的利润率从10%降至5%，然后一直到18世纪初期都相对稳定在5%。③克雷和艾伦虽然对于哈巴库克的结论有些质疑，

---

① H. J. Habakkuk, "The Long-Term Rate of Interest and the Price of Land in the Seventeenth Century", *The Economic History Review*, New Series, Vol. 5, No. 1 (1952), pp. 26-27; Robert C. Allen, "The Price of Freehold Land and the Interest Rate in the Seventeenth and Eighteenth Centuries", *The Economic History Review*, New Series, Vol. 41, No. 1 (Feb., 1988), p. 33.

② James E. Thorold Rogers, *A History of Agriculture and Prices in England*, Vol. 4, Oxford: The Clarendon Press, 1882, p. 100.

③ H. J. Habakkuk, "The Long-Term Rate of Interest and the Price of Land in the Seventeenth Century", pp. 32, 44-45.

但是在一些方面达成相似的观点，即1650年前，英国的土地价格大致是20倍年金；1650—1700年，英国土地价格在15—20倍年金（利润率大致在5%—7%之间浮动）之间；到18世纪则超过了20倍年金，但很少超过30倍年金。①

同时，也不应忽视一系列因素对土地价格的影响。16世纪前20年，英国土地市场发展相对缓慢，主要是由于土地供应不足和民众缺乏足够的现金。②然而，此后受物价上涨、大量修道院地产涌入土地市场、通货膨胀以及战争等多重因素影响，土地价格开始呈现出明显的波动态势。理论上，当市场迎来大量土地供应时，土地价格应呈现回落态势，但修道院土地的售价就曾超过20倍年金。而在英国革命期间，为了迅速处置王室及王党地产，部分土地的售价就低于20倍年金。

尽管习惯地租变化不大，但新地租却不断增长。例如诺福克郡和萨福克郡的耕地地租从16世纪最后十年的每英亩1先令8便士增加到1640—1650年的每英亩10先令，同期的牧场地租从4先令6便士增加到12先令，草地地租从1590—1600年的4先令6便士增加到1630—1640年的11先令8便士。埃塞克斯郡的土地在1566年的租金略高于每英亩2先令，到1651年则略高于每英

---

① Christopher Clay, "The Price of Freehold Land in the Later Seventeenth and Eighteenth Centuries", *The Economic History Review*, New Series, Vol. 27, No. 2 (May, 1974), p. 174; Robert C. Allen, "The Price of Freehold Land and the Interest Rate in the Seventeenth and Eighteenth Centuries", p. 34.

② Joyce Youings, *Sixteenth-Century England*, pp. 154-155.

亩9先令。[①] 新地租的增幅不仅高于同期的物价涨幅[②]，还远高于男性劳动力的工资水平[③]，刺激了一部分有能力购买土地之人的需求，土地交易日渐频繁，土地市场愈加活跃，促进了地价上涨。但是当新地租高于习惯地租（见表1），也会引发佃农的不满。例如惠特比修道院的土地被国王卖给了诺森伯兰公爵，之后公爵又转售给了约翰·约克爵士。约克爵士提高了土地的租金及更新地契的入地费。于是，佃农们在1553年向申诉法院提起请愿，希望在佃领期内租金保持不变。

同时，借贷利率的下降也推动了土地市场的发展。在1545—1552年间，抵押贷款利率至多10%，随着通货膨胀，利率不但没有提高，反而在1571年后固定下来，实际上就是降低了现行汇率，令抵押现有财产来取得贷款更加便宜了，更多的流动资金有助于土地的购买。但这种方式也存在风险，如果借贷者到期未能偿还欠款，土地就有失去的可能，造成土地占有权发生实质的转移。到16世纪末，借贷者还受到普通法的保护，只要按协议的利率定期支付就可以继续保有土地。[④]

---

① Mildred Campbell, *The English Yeoman under Elizabeth and the Early Stuarts*, p. 84.

② 仅有极少数年份（1640—1649年）地租价格低于农产品价格，而此十年正好是英国内战时期，战争时期对于农产品的需求要比正常年份的需求更大。Eric Kerridge, "The Movement of Rent, 1540-1640", *The Economic History Review*, New Series, Vol. 6, No. 1 (1953), p. 28.

③ Keith Wrightson, ed., *A Social History of England, 1500-1750*, Cambridge: Cambridge University Press, 2017, p. 160.

④ Joyce Youings, *Sixteenth-Century England*, pp. 164-165.

表 1　1550 年代惠特比修道院习惯地租与新地租的对比

序号	佃户姓名	习惯地租	新地租
1	约翰・考沃德	24 先令	3 英镑 16 便士
2	亨利・拉塞尔	42 先令 11.5 便士	4 英镑 7 先令 3 便士
3	伊丽莎白・波斯特盖特	18 先令 10 便士	41 先令 5 便士
4	托马斯・罗宾森	12 先令 11.5 便士	40 先令 7 便士
5	约翰・罗宾森	10 先令 2 便士	33 先令 4 便士
6	詹姆斯・布朗恩	16 先令 1 便士	36 先令 10 便士
7	罗伯特・莱恩	16 先令 4 便士	33 先令 10 便士
8	约翰・纳特利斯	7 先令 8 便士	15 先令
9	罗伯特・斯托尔	23 先令 5 便士	50 先令 2 便士
10	托马斯・考瓦德	14 先令 9 便士	31 先令
11	托马斯・霍德森	20 先令 5 便士	50 先令 8 便士
12	威廉・沃克	7 先令 3 便士	17 先令
13	亨利・科弗代尔	15 先令	36 先令
14	尼古拉斯・格雷姆	22 先令 6 便士	46 先令 8 便士
15	威廉・波斯特盖特	28 先令 7 便士	3 英镑 6 先令 8 便士
16	威廉・布朗	13 先令 4 便士	26 先令 8 便士
17	罗伯特・杰弗莱森	14 先令	30 先令
18	威廉・布伊斯和罗伯特・杰弗拉森	34 先令 8 便士	3 英镑 6 先令 8 便士
19	罗伯特・巴克	14 先令 6 便士	30 先令
20	克里斯托弗・杰弗莱森	10 先令 8 便士	26 先令 8 便士
21	理查德・科尔森和伊莎贝尔・科尔森	31 先令	3 英镑 2 便士
22	罗伯特・萨顿和卡特琳・萨顿	23 先令 4 便士	53 先令 4 便士
23	小托马斯・波斯特盖特和亨利・拉塞尔	27 先令 6 便士	3 英镑 6 先令 8 便士
24	老托马斯・波斯特盖特	18 先令 3 便士	46 先令 8 便士
25	罗伯特・亨特罗德斯	50 先令 2 便士	5 英镑 16 先令 8 便士

资料来源：A. E. Bland, P. A. Brown, R. H. Tawney, eds., *English Economic History: Select Documents*, New York: Macmillan & Co., 1919, pp. 252-253.

小　结

早在盎格鲁-撒克逊时期，封建因素的种子便根植于英格兰社会，为诺曼征服后封建化的顺利进行奠定了基础。诺曼征服后，英国进入封建时代，国王将土地分封给封臣，双方缔结了封君封臣关系，形成了以封土换军事役务的制度。封臣将土地再分封，使封建关系不断复制，在社会底层形成以服劳役为基础的个人依附关系。出于保障军事役务和封建权益的需要，封君严格控制封土的流动。加之，封臣及佃农的土地权利是由封土授予和封土的法律类型所决定的，他们并不能自由地安排土地在家内的继承与家外的流动，这就产生了自由处分土地的需求。在实践中，频繁的封土再分封使封君封臣关系日趋混乱，以钱代役逐渐流行并成为定制，导致人身依附关系松动，封土流动难以控制。以国王为首的封君对促成普通法土地自由让渡的规则进行妥协，仅允许部分自由持有地在有限范围内流动。其他法律类型的土地仍不能自由流动，这与民众需求和实践不符。

随着封建主义走向衰亡，土地的经济属性不断增强，而军事法律属性日渐减弱。社会各阶层积极参与土地流转，劳动力和土地资源在市场交易中得以优化配置，呈现出交易规模、费用和区域的差异性，交易群体身份和持地类型的复杂性和多重性，以及土地价格稳中有浮动等特点。严苛的普通法未能根据新情况及时作出有效的应对，大法官法院对普通法法院未能触及的情况给予救济。土地是政治较量的载体，也是君主平衡政治力量的手段。

早在15世纪，英国就确立了民众参与议会的土地财产资格，使土地开始与政治权力挂钩。掌握立法权的议会适时与国王联合或分离，推出了一系列土地立法，这不仅是近代早期英国的法律变革，也体现了彼时政治力量的博弈。随着议会选举制度的成型，土地规模进一步影响到选邑的分配，关乎国家事务的话语权，土地流转的政治属性愈发凸显。

第二章　自由持有地的流转

自由持有地（Freehold land）是近代早期英国土地类型的重要组成部分，自由持有保有制（Freehold tenure）也是近代早期英国土地保有制的一种类型。相较于公簿持有地与租赁持有地，自由持有地的产权最早受到普通法的保护，自由持有人享有较为充分的土地处分权。同时，它亦是最早获准参与市场交易的土地类型。自由持有地的法律形式包括自由继承地产、限嗣继承地产以及终身地产等，各种自由持有人所享有的土地权利并不相同，其中尤以自由继承地产权者的权限最高。自由持有地流转频繁，是土地市场中流通的重要土地类型之一。在土地流转的过程中，自由持有人的土地产权不断明晰，这对转型时期英国社会的发展产生了重要的影响。

第一节　自由持有保有制的产生与发展

诺曼征服后，无论是自由佃户还是自由土地都在增加。亨利·艾利斯以《末日审判书》为基础，对 11 世纪英格兰社会各个阶层的人数进行统计，其中自由佃户至少有 35249 人[①]，占地约 100 万英亩，约占当时耕地总面积的 20%[②]。垦殖运动、普通法对自由人的保护等因素进一步促进了自由民与自由地的增加。科斯敏斯基根据 13 世纪晚期的百户区档案的研究认为，在有百户区档案存档的地区中有超过 1/3 的佃户是自由佃户，在商品化程度较高的英格兰东部地区，自由佃户能占到 70%，自由持有地则约占全英格兰耕地面积的 30%。[③] 到 14 世纪，自由佃户能占到英格兰总佃户人数的 40%，有一半以上的保有制都是自由的。[④] 中世纪晚期到近代早期，自由持有地在英国的分布仍不均衡，以奔宁山脉为界，英国东部地区比西部地区的自由持有地分布更为广泛。例如在东盎格利亚，大约有一半的庄园佃户持有自由地产。[⑤]

---

① 在 11 世纪的英格兰，自由佃户不仅是自由人（Liberi homines），它应该还包括其他的社会阶层，有的是法律上的自由人，有的介于自由与不自由之间（如维兰索克曼 Villain Socmen），此时维兰也并一定是不自由人（梅特兰、维诺格拉道夫等学者亦认为维兰在此时算是情况不太好的自由人，是同时包含自由与非自由因素的人）。不同名称的阶层更是多达百余种，这本身便十分复杂，故此处自由佃户的人数仅选取 Liberi homines 和 Socmen 的，这应是此时自由佃户的最低数量。Henry Ellis, *A General Introduction to Domesday Book*, Vol. 2, London: Eyre & Spottiswoode Ltd., 1833, pp. 511-514.

② Frederic Seebohm, *The English Village Community*, London & New York: Longmans, Green & Co., 1915, pp. 102-103.

③ E. A. Kosminsky, *Studies in the Agrarian History of England in the Thirteenth Century*, Oxford: Basil Blackwell, 1956, p. 205; P. R. Schofield, *Peasant and Community in Medieval England, 1200-1500*, New York: Palgrave Macmillan, 2003, p. 21.

④ Mark Bailey, *The English Manor, 1200-1500*, Manchester: Manchester University Press, 2002, p. 28; Christopher Dyer, "Villeins, Bondmen, Neifs, and Serfs: New Serfdom in England, 1200-1600", in Paul Freedman, Monique Bourin, eds., *Forms of Servitude in Northern and Central Europe: Decline, Resistance, and Expansion*, Turnhout: Brepols, 2005, p. 425.

⑤ Eric Kerridge, *Agrarian Problems in the Sixteenth Century and After*, p. 35.

1290年爱德华一世时期颁布的《土地买卖法》(Quia Emptores)确认了自由持有者让渡、继承土地的权利，首次公开承认了买卖自由土地行为的合法性，而且使得土地买卖更加方便，因为“以前转手土地的佃户必须在他手上持有一定量的土地，以便他能够向领主履行封建的或其他的役务，现在受地者承担了这些役务，使得土地买卖更加简化，从而交易也就更加频繁，以至于小土地所有者的数量增加了”[①]。例如1294年6月，威斯敏斯特修道院伯德布鲁克庄园，一个叫约翰·帕克盖特的自由佃户称其按照《土地买卖法》直接从领主处而不用经过任何人之手就持有土地，所以他只需按自己所持的土地规模直接向领主履行役务。[②]

自由持有保有制下的持地者不仅受到普通法的保护，而且享有较高的处分土地的权利，在土地交易中占据重要的位置。自由持有保有制是指保有人因向其领主提供确定性的役务而在一定时间内（不短于终身）不受限制地使用土地的一种土地持有形式，这是16世纪之前唯一受普通法保护的土地持有形式，到13世纪晚期自由持有保有制及其附属义务（Incidents）最终定型，根据其所依据的不同社会关系可以分为四种自由持有保有制类型，即教役保有制（Frank-alomin）、军役保有制（Knight service）、杂役保有制（Serjeanty或Service）和索克保有制（Socage），其附属义务有臣服礼和效忠（Homage and Fealty）、继承金（Relief）、先占权

① W. H. R. Curtler, *The Enclosure and Redistribution of Our Land*, Oxford: The Clarendon Press, 1920, pp. 55-56.

② P. R. Schofield, *Peasant and Community in Medieval England, 1200-1500*, p. 22.

（Primer seisin）、监护权（Wardship）、婚姻权（Marriage）、助钱（Aids）、封土易主费（Fines for alienations）、复归权（Escheats）和没收（Forfeiture）。[①] 其中以军役保有制和索克保有制持有土地最常见。从中世纪晚期到近代早期，这两类自由持有保有制也发生了一定的变化。杂役保有制到伊丽莎白时代就逐渐消失了，教役保有制仅对教会起作用，在此就不讨论这两类保有土地的形式。[②]

霍兹沃斯认为，军役保有制是封建制度中最为典型的一种保有制形式，受封者最初以履行骑士役务而获得土地，12 世纪中期时，这种类型的保有人开始以交纳骑士捐（Scutage）来折换军役。中世纪晚期时，随着货币的贬值，国王停止征收骑士捐。[③] 16 世纪时，尽管保有人不再交纳骑士捐，但是作为领有骑士领地的其他义务还需履行，如臣服礼、宣誓效忠、交纳继承金、监护和婚姻等附属义务。1660 年颁布的《保有制法》正式废除了军役保有制，将其转化为自由的、普通的索克保有制。[④]

索克保有制是一种农业的保有制，就范围而言，除了教役保有制、军役保有制和杂役保有制外，都属于索克保有制；就佃户类型而言，既有支付租金者，也有服劳役者等。到 15 世纪中叶，

---

① William Blackstone, *Commentaries on the Laws of England*, Vol. 2, pp. 87-90; F. Pollock and F. W. Maitland, *The History of English Law before the Time of Edward I*, Vol. 1, pp. 296-356; William Holdsworth, *An Historical Introduction to the Land Law*, pp. 23-36.

② Mildred Campbell, *The English Yeoman under Elizabeth and the Early Stuarts*, p. 108.

③ William Holdsworth, *An Historical Introduction to the Land Law*, pp. 24-26; J. G. Riddall, *Introduction to Land Law*, p. 9.

④ Eric Kerridge, *Agrarian Problems in the Sixteenth Century and After*, p. 33; Mildred Campbell, *The English Yeoman under Elizabeth and the Early Stuarts*, p. 108.

索克保有制佃户的役务普遍折换为固定数额的货币地租，从而不需要履行依附性义务；到 16 世纪，索克保有制下的佃户仅需宣誓效忠，交纳固定的、象征性的地租，便可以自由地买卖、租赁或交换土地。索克保有制因其依附性不明显而成为一种最为普遍的土地保有形式，即“除了军役保有制就是索克保有制”，最终它被认为是一种现代的土地产权形式，取代了所有其他的自由保有制。①

第二节　自由持有地的类型及权益

自由持有保有制下的土地类型包括自由继承地产（Fee simple）、限嗣继承地产（Fee tail）和终身地产（Estate for life），其具体权利各不相同，但自由继承地产的权利最为完备。13 世纪之前，自由继承地产保有人对其地产还没有自由处分权，保有人如果希望转让土地，就需要取得领主和继承人的同意；到 13 世纪中叶，保有人在转让土地时无须再取得领主和继承人的同意，从而取得了自由转让地产的权利；1290 年《土地买卖法》的颁布，表明普通法明确规定该类型地产是可以继承、自由转让的，该保有人可以将自己的全部或部分土地转让出去，他所“保有的是可继承的、

① Eric Kerridge, *Agrarian Problems in the Sixteenth Century and After*, pp. 33-34; F. Pollock and F. W. Maitland, *The History of English Law before the Time of Edward I*, Vol. 1, pp. 291-292; William Holdsworth, *An Historical Introduction to the Land Law*, pp. 28-29; Mildred Campbell, *The English Yeoman under Elizabeth and the Early Stuarts*, p. 108.

属于自己的权益"[①]。总的来说，拥有自由继承地产的保有人可以按其意愿来处分土地：他可以不受限制地出售、交换土地，随意将地产遗赠给他人，随意将土地出租等。

自由继承地产的买卖需要签订财产转让契约（Private treaty），首先要证实持地者对土地所拥有的权利，然后通过签订一份转让证书（Conveyance），卖地者才能将其地产转让给购地者。购地者支付了转让费，直到转让成功，这笔买卖才算完成。因此，卖地者和购地者实际是签订了一份协议，这份协议是契约性质的、合法的，而且明确规定了购地费用，卖地者以确定的价格向购地者转让其地产，购地者从此要承担此地产上的附属性义务。[②]这样就明确了购地者的土地产权。

限嗣继承地产是普通法内除自由继承地产之外可以继承的地产，其法律术语是"to A and the heirs of his body"，即将地产给 A 及其直系的继承人。但是如果 A 绝嗣，那么该地产就返还给赠予者或其继承人。限嗣继承地产的保有人不能让渡财产，不能违背限嗣继承，也不能遗嘱处分其地产，拥有与终身佃户相同的租赁权，即土地出租期限为 21 年，矿产 60 年，屋舍 99 年。[③]

终身地产是基于封建制度的最早的一种土地持有形式，持地者享受的土地权益仅限于终身，如领主以索克保有制的形式将一

---

① F. Pollock and F. W. Maitland, *The History of English Law before the Time of Edward I*, Vol. 1, p. 235; B. W. Adkin, *Copyhold and Other Land Tenures of England*, pp. 23-25.

② B. W. Adkin, *Copyhold and Other Land Tenures of England*, pp. 29-30.

③ B. W. Adkin, *Copyhold and Other Land Tenures of England*, pp. 44-49.

份土地封赐给佃户终身持有，其享有的权益即为终身地产权益，理论上受封者无权自由让渡。

从法理上讲，后两种形式的地产都无法自由地出售、买卖，应该不能算为土地交易市场上的一种“商品”，然而事实上也存在私下让渡或交换地产的现象，特别是在 14 世纪英格兰暴发黑死病后，在一定程度上出现了“人少地多”的现象，私下交易更为频繁。

第三节 自由持有地的流转特点和方式

诺曼征服后的两个世纪，英格兰的土地流转多是在家族内的继承或转让。13 世纪中叶，持地者生前处分其地产的方式逐渐增多，从而出现了一个较为活跃的土地流转市场。中世纪晚期，在自由持有地产中，以血缘关系为核心的家产继承模式逐渐消退，持地者可以不经过继承人的承认就自由地转让、出售、抵押或出租其全部或部分地产。持地者在世时的非家内土地流转逐渐成为流行的土地流转方式。例如，1295—1319 年萨福克郡圣·艾德蒙斯修道院的瑞德格雷夫庄园卷宗表明，家内转让明显少于生前的家外土地流转。[①] 戴尔通过对 1375—1540 年亨伯里、肯普西、威尔斯通和汉普顿 4 个庄园的案卷分析认为，持地者生前（Inter-vivos）土地交易的比

---

① P. R. Schofield, *Peasant and Community in Medieval England, 1200-1500*, pp. 66-67; R. M. Smith, ed., *Land, Kinship and Life-cycle*, Cambridge: Cambridge University Press, 1984, p. 185.

率逐步提高，逐渐超过家内转让。[①]普通法亦规定："一个活着的人没有必要有法定继承人，他对自己所持有的土地拥有完全的、唯一的权利，除非是先前父亲早已将权利转让给儿子，父亲和儿子在任何意义上都不是土地的共有者。"[②]这种土地归属的排他性，方便了土地作为一种生产要素进入市场并受到购买者的欢迎。此时很难区分自由持有者与习惯佃户在经济上的差别，他们之间的差异体现在法律所规定的权益上。[③]

16 世纪至 17 世纪中期，公开的土地买卖行为在英国南部和东部特别活跃，这是因为这两个地区最早受到商品经济的影响。其中英国东部地区的自由持有地，特别是以索克保有制持有的土地更为普遍。[④]在 16 世纪 20 年代，整个英格兰的土地交易数量维持在年均250 件左右，到40 年代则上升到1000 件左右。[⑤]劳伦斯·斯通比较了 1560—1620 年英国土地市场中自由持有地的买卖情况，这一时段的自由持有地的交易数额较之前相比翻了不止一番。[⑥]土地市场活跃的影响也可以体现在土地占有权比例的变换上，如从 15 世纪末到 17 世纪中期，通过购买地产来到该郡的乡绅在约克

① Christopher Dyer, *Lords and Peasants in a Changing Society: The Estates of the Bishopric of Worcester, 680-1540*, pp. 302-303.

② Alan Macfarlane, *The Origins of English Individualism*, p. 104.

③ Eric Kerridge, *Agrarian Problems in the Sixteenth Century and After*, p. 33.

④ Eric Kerridge, *Agrarian Problems in the Sixteenth Century and After*, p. 35; Mildred Campbell, *The English Yeoman under Elizabeth and the Early Stuarts*, p. 74.

⑤ Joyce Youings, *Sixteenth-Century England*, p. 156.

⑥ R. W. Hoyle, "Tenure and the Land Market in Early Modern England: Or a Late Contribution to the Brenner Debate", p. 14.

郡、莱斯特郡和诺福克郡有 60%；在萨福克郡和北安普顿郡则占到 70% 或更多；在埃塞克斯郡和赫特福德郡则分别占到 85% 和 90%。[①] 由此可知，一是在这些地区存在着活跃的土地交易市场；二是外来者通过购买土地，晋升为当地的地产精英，改变了当地的土地占有者的构成。

自由持有地的流转充实了近代早期英国的土地市场。第一，有些自由佃户通过多次购买地产来积聚土地，有的则出于某种原因而出售其持有的地块。例如，16 世纪初，莱斯特郡的威廉·威格斯顿为了向当地 12 个穷人捐赠一个医院而先后购买了两块不同的自由地产。这两块地产自 15 世纪起就多次被转卖：一块地产原是约翰·潘尼继承得到的，他在 15 世纪中期卖给了牛津伯爵的管家约翰·拉弗，拉弗于 1501 年将该地块卖给了施罗普郡的布沃德尼，1516 年威格斯顿以 24 英镑的价格从布沃德尼处买过来；另一块地产原是兰德尔夫家族在 13 世纪时从休·查巴尼公爵处购买的，1509 年该地产的女继承人伊丽莎白放弃了她对该地产的所有权益而给予其儿子托马斯·肯特，肯特于 1514 年以 37 英镑的价格将地产卖给了威格斯顿。[②]

再如，北安普顿郡的伊斯顿·莫迪科特的庄园大部分是自由继承地产，1499 年时由女继承人伊丽莎白持有。牛津郡伯爵约翰·德维尔通过与她的婚姻而获得了该庄园，并一直持有到

---

① C. G. A. Clay, *Economic Expansion and Social Change: England 1500-1700*, pp. 154-155.

② W. G. Hoskins, *The Midland Peasants: The Economic and Social History of a Leicestershire Village*, p. 112.

1578年。之后，伯爵将土地卖给了诺福克郡罗哈姆缙绅克里斯托弗·耶尔弗顿。①北安普顿郡的理查德逝世于1525年，将其在纽顿的自由继承地产留给其妻格蕾丝，之后，格蕾丝卖掉了这块土地，并把所获款项供奉给一所小教堂。②剑桥郡小安布灵顿的约翰·斯本塞爵士于1600年将他拥有的一部分自由持有地卖给霍雷肖·帕勒维希诺爵士。③第三代亨廷顿伯爵在1586年将德文郡的斯托克汉姆庄园的一些自由持有地卖给了现居佃户（Sitting tenant）。④施罗普郡的布鲁普顿的土地大多是自由人持有的，该庄园的土地在1553年被赠予雷诺德·考拜特，在1588年被他的儿子皮特卖给爱德华·贝肯，在1599年又被卖给弗朗西斯·霍启尔。⑤

第二，公簿持有者购买自由地产扩充其占地规模。例如，在剑桥郡的维特勒斯福德，公簿持有者的土地不断增多：在1514年，21个公簿持有者占有了27块自由地产，大约416英亩；到1578年，20个公簿持有者占有了48块小自由地产。⑥1606年，邓特斯的亨利·丹弗斯和伦敦的埃德蒙爵士，以及伦敦的约翰·丹弗斯

① H. Arthur Doubleday, ed., *The Victoria History of the County of Northampton*, Vol. 4, London: University of London, 1970, p. 13.

② H. Arthur Doubleday, ed., *The Victoria History of the County of Northampton*, Vol. 4, p. 27.

③ L. F. Salzman, ed., *The Victoria History of the County of Cambridgeshire and the Isle of Ely*, Vol. 6, London: University of London, 1978, p. 11.

④ C. Cross, *The Puritan Earl: The Life of Henry Hastings, Third Earl of Huntingdon, 1536-1595*, London: Macmillan, 1967, p. 108.

⑤ A. T. Gaydon, ed., *The Victoria History of the County of Shropshire*, Vol. 8, London: University of London, 1968, p. 19.

⑥ L. F. Salzman, ed., *The Victoria History of the County of Cambridgeshire and the Isle of Ely*, Vol. 6, p. 268.

同意其庄园的公簿持有者购买自由持有地并按照古老的习俗继承他们公簿持有的农场等。[①]

第三，公簿持有地向自由持有地转化后的买卖。例如在临近苏塞克斯郡刘易斯的普兰普顿庄园里，农夫理查德·费雷曼通过交纳年金和继承金的方式，将30英亩公簿持有地转化为自由持有地。在费雷曼去世后，其子托马斯最终继承了该地块。托马斯以165英镑的价格将这块地出售给乡绅约翰·罗。之后这块土地又被多次转手，到1655年，该地块竟然价值437英镑10先令，比100年前该庄园的700英亩自营地的售价还要高。[②]从这个例子中可以看出，一是公簿持有地转化为自由持有地之后转手的频率很高，二是土地的市价在不断地攀升。

还有几种类型自由地产的转让构成了事实上的买卖。第一，以议价交易（Bargain and Sale）的形式转让土地。由于这种方式是佃户之间私下以口头协商而定的土地买卖，在法律上很难确定土地的最终归属。亨利八世时曾颁布《登记法》试图弥补这一缺失，以明确财产的归属并阻止秘密转让土地的行为。但是，当时的不动产法律师很快发现此法的漏洞并设计出以出租并放弃（Lease and Release）为形式的让渡土地的方法，即领主在一定时期内出租给佃户一块地产，当佃户进入该地产时，领主随即宣布放弃该地产的权益，按照契约将该土地的权益让渡给佃户，佃户于是取得

① W. G. Hoskins, *The Midland Peasants: The Economic and Social History of a Leicestershire Village*, pp. 108-109.

② Mildred Campbell, *The English Yeoman under Elizabeth and the Early Stuarts*, p. 75.

土地的自由继承地产权。

第二，以永久性自由租地（Fee farm）的形式出售土地。自由持有者将自己的土地出售给他人，不是收取一次性的购地款，而是接受以支付年金的形式作为购地款[①]，这也与实际的土地买卖没有区别。这种形式的土地流转与中世纪的封建性的赠予和近代的租赁持有不同，土地出售人不保留领主权，也不享有归复权。例如，罗伯特·孟森为了建立一所文法学校，在1535年租赁一块原属于拉特兰伯爵的永久性自由租地，并且支付200英镑的土地易主费。[②]1536年国王解散修道院时，国王将萨默塞特郡坎宁顿的一个修女院的地产以21年的租期出租给爱德华·罗格尔爵士。在1539年，罗格尔以永久性自由租地的形式获得该地产，但仅限男嗣能继承该地产。[③]解散修道院之后，索索普庄园被国王授予彼得伯勒主教。到1577年左右，彼得伯勒主教埃德蒙·斯坎布勒将索索普庄园作为永久性自由租地，按年租金6英镑13先令4便士的价格支付给伊丽莎白女王。[④]

第三，"交换"（Exchange）土地。土地的交换仅需要交纳一笔入地费。[⑤]例如，第三代亨廷顿伯爵在1587年将他的一块年价

---

① B. W. Adkin, *Copyhold and Other Land Tenures of England*, p. 18.

② William Page, ed., *The Victoria History of the County of Lincolnshire*, Vol. 2, London: Archibald Constable and Company Limited, 1906, p. 441.

③ William Page, ed., *The Victoria History of the County of Somerset*, Vol. 4, London: University of London, 1992, p. 76.

④ R. M. Serjeantson and William Ryland Dent Adkins, eds., *The Victoria History of the County of Northampton*, Vol. 2, London: Archibald Constable and Company Limited, 1906, p. 466.

⑤ B. W. Adkin, *Copyhold and Other Land Tenures of England*, p. 40.

值400英镑的完整的自由继承地产与王室交换，换得了相同价值的101块分散的王室地产。①

小　结

土地持有份额和持有土地的人数变化都是衡量土地市场发展的重要标准。从长时段来看，特别是18世纪后，自由持有者数量不断减少，那么16—17世纪的情况如何呢？库珀认为，16世纪中期至17世纪中期，随着英国人口数量的剧增和土地交易市场的活跃，自由持有者的数量得到了增长。②其实早在15世纪时，自由持有者的数量就在增加，黑死病后英格兰地多人少，大量土地进入市场，新的购买者更多是自由持有者而非公簿持有者和租赁持有者。③托马斯·威尔森认为，在17世纪初英国自由持有者的人数为8万户。格里高利·金对英国人口及财富分配进行了估算，他估计1688年所有的自由持有者人数为18万户。④哈巴库克教授

---

① Joan Thirsk, ed., *Agrarian History of England and Wales*, Vol. 4, pp. 267-268.

② 例如埃塞克斯郡在1561—1634年，自由持有者的数量增加1倍；诺丁汉郡1561年是有179个自由持有者，1612年超过1000人。J. P. Cooper, "The Social Distribution of Land and Men in England, 1436-1700", *The Economic History Review,* New Series, Vol. 20, No. 3 (Dec., 1967), p. 428.

③ Arthur H. Johnson, *The Disappearance of the Small Landowner*, Oxford: The Clarendon Press, 1909, pp. 36, 38.

④ J. F. C. Harrison, *The Common People: A History from the Norman Conquest to the Present*, Fontana: Croom Helm, 1984, p. 114.

认为，格里高利·金对于自由持有者数量的统计包括公簿持有者（6万—7万户）。[①] 即便如此，自由持有者数量在17世纪还是在不断上涨的。那么，至少从15世纪开始，直到17世纪中期，英国的自由持有者数量是呈上升趋势的。

总的来说，自由持有保有制下的佃户享有较高的处分土地的权利，特别是持有自由继承地产者的土地权益几近于"绝对所有权"，他们可以自由地公开买卖土地。自由土地交易的规模大小不等，土地流转的频率比较高。到17世纪中叶，随着军役保有制的废除，所有自由保有制均转化为自由的、普通的索克保有制，不仅自由持有者的范围扩大了，而且土地权利更为明确，这更加方便了土地的买卖、租赁或交换。在近代早期英国私人土地产权虽然没有完全确立，不可否认的是它在静悄悄地发展着：在土地交易的过程中逐渐明确了持地者的权利，而逐渐明确的权利又保障了持地者的权益。土地市场的发展过程实际上是土地产权不断明晰的一个过程，土地产权的明晰有助于构建私人产权制度，而私人产权制度的逐渐确立又对英国经济发展和社会转型产生了极为深远的影响。

---

① J. P. Cooper, "The Social Distribution of Land and Men in England, 1436-1700", p. 428.

第三章　公簿持有地的流转

公簿持有地（Copyhold land）是近代早期英国土地类型的重要组成部分，公簿持有保有制（Copyhold tenure）也是近代早期英国土地保有制的一种类型。它已经褪去了不自由的特征并受到多重保护，成为一种纯粹的土地持有形式。公簿持有农的身份地位及土地权利由其持有土地的类型来决定，分为可继承的公簿持有、终身公簿持有和为期数年的公簿持有三种类型。法律规定公簿持有农无权进行土地流转，但现实中却存在非家内的市场性流转和具有家内继承、遗嘱性质的非市场性流转。公簿持有农对土地实际占有权的硬化保障了土地流转的进行。

第一节　公簿持有保有制的产生与发展

公簿持有农是由维兰发展而来的，公簿持有保有制也是由中世纪的维兰保有制（villein tenure）发展而来的。维兰或不自由佃户以不同的地方惯例从领主那里取得的具有不自由性质的土地是习惯持有地。中世纪时，维兰最大的特点是“不自由”，即权利的缺失。首先表现在他们需要履行的役务是不确定的，即“维兰周日晚上睡觉时尚不知下周一早上要具体做什么，有可能是脱粒，有可能是挖沟，还有可能是搬运，他们无从得知”①。其次是维兰身份的不自由，这表现在他们需要交纳婚姻捐、任意税、继承税、迁徙税等具有人身依附性色彩的捐税。但维兰身份的不自由仅仅是相对于其领主而言，是经济意义上的，这是由佃户所持有土地的法律属性所决定的，即一个佃户所持有的是不自由地，那么他就需要对其领主履行上述役务。再次，维兰的土地权利也是不完整的。法律规定维兰不仅无法自由地离开土地，也无权处分所占土地，即不能买卖、租赁土地和设立遗嘱。但在实际生活中，部分维兰不仅有继承权，而且还可以自由买卖。教会认为维兰应该跟自由人一样订立遗嘱，但遗嘱检验要在庄园法庭进行，维兰的土地流转也要在庄园法庭登记。地方习俗同样承认维兰的继承行为。②

随着商品货币经济的冲击，维兰保有制下的佃户需要履行的劳役逐渐为固定的货币地租所替代。14 世纪中后期，因为领主自营地的普遍出租以及黑死病的影响，许多维兰逐渐获得了人身自由。维兰保有制的规定和维兰实际情况之间的差异越来越大，维

① F. Pollock and F. W. Maitland, *The History of English Law before the Time of Edward I*, Vol. 1, p. 371.

② A. E. Levett, *Studies in Manorial History*, Oxford: Oxford University Press, 1938, p. 208; J. Goody, J. Thirsk and E. P. Thompson, eds., *Family and Inheritance: Rural Society in Western Europe, 1200-1800*, Cambridge: Cambridge University Press, 1976, p. 118.

兰保有制逐渐跟维兰的身份无关。[①]15世纪时，维兰保有制发生了一定变化，公簿持有制开始取代维兰保有制，公簿持有农和公簿持有地的称谓也普遍使用。15世纪著名法学家托马斯·利特尔顿对于公簿持有农的论述是："公簿持有农是依据庄园习俗，按照领主意愿，以法庭卷宗为副本而持有土地的佃户。"[②]此时公簿持有农仍旧无权立契让渡地产，但可以以领主为中介来转让地产，即一个公簿持有农如果想将其地产让渡给他人（无论是市场性的土地买卖还是家内土地的重新分配），他可以在庄园法庭上按照习俗将地产名义上让渡给领主，领主再将土地转让给接受土地的人。[③]

值得区分的是，公簿持有地（copyhold land）和习惯持有地（customary land）并非完全等同。第一，简单来说，公簿持有地是习惯持有地的一种类型，习惯持有地还包括大量的按领主意愿保有土地的佃户（tenants at will）[④]；第二，公簿持有地也并非都是习惯持有地。有一种公簿持有地近似于自由的索克制佃户所持有的土地，佃户仅需要按照庄园的习俗，而不用遵循领主的意愿来持有土地，这是一种自由的公簿持有制（free copyhold），仅存在于古老的萨克森王室自营地上，受权利令状（The writ of right）

---

① A. W. B. Simpson, *A History of the Land Law*, pp. 158-159; Cicely Howell, *Land, Family and Inheritance in Transition: Kibworth Harcourt 1280-1700*, Cambridge: Cambridge University Press, 1983, p. 239.

② Thomas Littleton, *Littleton's Tenures, with Notes and Copious Questions on the Text and Notes*, London: Day (late Hastings), 1854, p. 26.

③ Thomas Littleton, *Littleton's Tenures, with Notes and Copious Questions on the Text and Notes*, p. 27.

④ R. H. Tawney, *The Agrarian Problem in the Sixteenth Century*, p. 23.

的保护。[①] 中世纪时，这类人也被称为"维兰索克曼"（villain socmen），介于自由佃户和纯粹的维兰之间，处于半自由的状态。[②]

13 世纪初，司法改革中有关土地诉讼范围的规定（仅允许自由持有人向王室法庭提交诉讼申请）[③]，客观上削弱了维兰的法律地位，令其得不到王室法庭的保护。然而到 15 世纪中叶，王室法庭开始受理部分公簿持有农地产纠纷的案件；16 世纪开始，申诉法庭和星法庭（Star Chamber）也受理有关圈地和公簿持有农权利问题的案件，公簿持有保有制逐渐被纳入普通法的管辖范围。大法官法庭也为部分无法得到普通法救济的公簿持有农提供衡平法救济。[④] 此时公簿持有农同时处于庄园习惯、普通法和衡平法的保护之下，公簿持有农实际的土地权利越来越坚实，有的地区还出现了公簿持有保有制向自由持有保有制和租赁持有保有制转变的现象。到 16 世纪前半叶，公簿持有农约占英国全部乡村人口的三分之二或更多，数量大大超过了那些占有自营地或像自由持有农那样拥有自己农场的人。就地区分布而言，在英国西部和北部地区，公簿持有农和受益性租赁持有农占到 90%，在东部和东南部地区则不超过一半。[⑤] 17 世纪时，公簿持有农可以恢复保有被领主强占

---

① Eric Kerridge, *Agrarian Problems in the Sixteenth Century and After*, p. 41.

② Paul Vinogradoff, *Villainage in England*, pp. 89-126.

③ K. E. Digby, *An Introduction to the History of the Law of Real Property: With Original Authorities*, p. 261.

④ 在都铎王朝早期，公簿持有农就得到较为充分的衡平司法保护。到 16 世纪后期，王座法庭也针对公簿持有农受侵害或公簿持有地被侵占的现象来提供相应的土地司法救济保护。参见 A. W. B. Simpson, *A History of the Land Law*, p. 163。

⑤ C. G. A. Clay, *Economic Expansion and Social Change: England 1500-1700*, p. 87.

的公簿持有地。[①] 公簿持有地与自由持有地在经济上的差异越来越小，“仅就佃户需要履行的役务而言，人们已经不能区分自由持有地与公簿持有地了”[②]。

第二节 公簿持有地的类型及权益

近代早期，英国公簿持有保有制不再具有任何不自由的特征，仅仅是一种土地占有权形式。[③] 持有土地的类型决定了土地持有人的身份和享有土地权利的程度。[④] 公簿持有的地产类型主要分为可继承的公簿持有（copyhold of inheritance）、终身公簿持有（copyhold for life）和为期数年的公簿持有（copyhold for years）[⑤]，相应的公簿持有农也就分为可继承的公簿持有农、终身公簿持有农和为期数年的公簿持有农。

可继承的公簿持有是根据习俗，领主以终身、数代或数年为期限将习惯的自由继承地产（customary fee simple）或其他可继承

① R. C. Allen, *Enclosure and the Yeoman*, p. 68.

② William Holdsworth, *An Historical Introduction to the Land Law*, p. 45.

③ William Holdsworth, *An Historical Introduction to the Land Law*, p. 44.

④ 此外影响公簿持有农地位的因素是看他们是否会被领主任意盘剥，即地租是否是固定的、会不会被随便更改。因为如果公簿持有农所持有的不是可继承的地产，一旦到期，土地会重新返回到领主手中。公簿持有农若更新地契或重新租赁，很有可能不遵循固定地租。因此，可以被任意盘剥的公簿持有农的安全性和地位要低一些。参见 R. H. Tawney, *The Agrarian Problem in the Sixteenth Century*, p. 297。

⑤ B. W. Adkin, *Copyhold and Other Land Tenures of England*, p. 94.

地产让渡给佃户，佃户需要支付一笔较低的年金，并在出售或继承土地时交纳一笔大额的费用。[①] 这类地产在受商品货币经济影响较早的英国东部地区更为流行，例如剑桥郡、亨廷顿郡、贝德福德郡等。在莱斯特郡和北安普顿郡则存在一种受益性租赁[②] 和可继承的公簿持有混合的保有制形式。[③] 对于持有这类较为特殊的习惯的自由继承地产，佃户往往具有较高的权利。一般来讲，持有习惯的自由继承地产的佃户拥有完全的出售土地的权利，甚至可以与自由继承地产权[④] 媲美。值得注意的是，出售习惯的自由继承地产与出售公簿持有地和自由持有地还是有一定差别的：首先，买卖习惯的自由继承地产的双方是以一种原始的方式进行的，领主无须牵涉在内，不像转让一块可继承的公簿持有地需要领主或管家充当中介人；其次，这种买卖虽意味着要签订一份出售契约，但与自由持有的让渡有很大的不同[⑤]，它不像自由持有地产要受《限定赠予法》（The Statute de Donis）的约束，而是主要依据习俗

① B. W. Adkin, *Copyhold and Other Land Tenures of England*, p. 96.

② 中世纪后期英格兰土地租赁的行为非常普遍。依据租赁土地时订立契约的性质，租赁持有可以分为商业性租赁和受益性租赁。受益性租赁以长租期、低租金为特征，主要强调租约受契约和习惯的保护，所签订的租期较长，一般为 21 年或更长，租金类型为较低的固定地租，但是在签订契约时需要交纳反映该地块市价的入地费。参见 Bas J. P. van Bavel and Phillipp R. Schofield, eds., *The Development of Leasehold in Northwestern Europe, c.1200-1600*, Turnhout: Brepols, 2008, p. 141。

③ R. C. Allen, *Enclosure and the Yeoman*, p. 312.

④ 自由继承地产权，是一种完全的不动产权益，持有该类地产的佃户享有几近于“所有权”的处分土地的权利，并且终生受到普通法的保护。持地人能够给购买土地者以足够的安全，购买该类土地者可以直接享有地产上的年收益。参见 F. Pollock, *The Land Laws*, pp. 81-82。

⑤ B. W. Adkin, *Copyhold and Other Land Tenures of England*, p. 101.

来限定继承人[①]。

终身公簿持有是指由领主以不超过三代为期限，将公簿持有地让渡给佃户，佃户根据所持有地块的价值、规模和保留地租的数额来支付一笔任意费，并且可以另外支付费用来延长地契。终身公簿持有主要分布在英国西部，如牛津郡、伯克郡、沃里克郡等。在英国北部流行的佃户权（tenant right）地产也多是以终身为期持有的。为期数年的公簿持有是根据习俗以一定年限（通常为12年）为期将土地让渡给佃户，佃户有权更新地契，但需要交纳一笔固定的入地费，其继承人同样享有更新地契的权利。[②]

近代早期，不仅庄园法庭仿效王室法庭的诉讼程序[③]，普通法法庭也逐渐将自由持有保有制的规则运用到公簿持有保有制，并不断调和法律与地方习俗的冲突。[④]公簿持有地的继承规则仿效自由持有地的继承规则，可继承的公簿持有农享有自由继承权益，可以无限期地将土地传给继承人。终身公簿持有农则在其土地上享有终身权益，并不意味着完全没有资格继承，当公簿持有农去世后，其继承人只要向领主支付一笔入地费并获得领主同意，便可重新获得地产。此外还存在着公簿持有农的限嗣继承，这种继承方式具有较大

① K. E. Digby, *An Introduction to the History of the Law of Real Property: With Original Authorities*, pp. 258-259.

② B. W. Adkin, *Copyhold and Other Land Tenures of England*, pp. 113-114; R. C. Allen, *Enclosure and the Yeoman*, p. 312; Joan Thirsk, ed., *Agrarian History of England and Wales*, Vol. 4, p. 685; R. W. Hoyle, "Tenure and the Land Market in Early Modern England: Or a Late Contribution to the Brenner Debate", p. 6.

③ A. W. B. Simpson, *A History of the Land Law*, p. 159.

④ William Holdsworth, *An Historical Introduction to the Land Law*, p. 45.

的地区差异性，设立限嗣继承的公簿持有地产需要依据当地限嗣继承的习俗，公簿持有农没有普通法限嗣继承的权利。[①]

总的来说，可继承的公簿持有农处分土地的权利[②]较其他两类更高。16、17世纪时，在实际交易中它与自由持有地没有明显的差异，庄园领主购买这些地产就像购买小块自由持有地一样。[③]两者差异主要体现在法律的规范上：可继承的公簿持有是一种需要履行役务的土地保有制形式，它受习俗所限，归庄园领主所有，持有人在处分地产时要受到庄园习俗和领主意愿的限制。出租地产的权利也受到限制，需要交一大笔费用来获得自由，仅能由习惯继承人来继承地产。例如在格洛斯特郡布莱迪斯洛百户区的奥威尔庄园上，大多数佃户是以此保有制形式来持有土地。[④]自由持有是一种自由的土地保有制形式，它受普通法所限，由国王所有，持有人向国王宣誓效忠（通常不需要实际执行）。在处分土地时，自由持有者拥有几乎不受限的处分权、出租权，地产由普通法下的继承人继承。[⑤]

---

① K. E. Digby, *An Introduction to the History of the Law of Real Property: With Original Authorities*, p. 259; Thomas Littleton, *Littleton's Tenures, with Notes and Copious Questions on the Text and Notes,* p. 26.

② 至于公簿持有者土地权利的问题，托尼分析了利达姆和阿什利的观点，不赞同公簿持有农有彻底的安全性或者根本没有安全性可言的观点，而是认为不同类型的公簿持有农拥有不同的土地权利，其中以可继承的公簿持有农的土地权利为最高。参见 R. H. Tawney, *The Agrarian Problem in the Sixteenth Century*, p. 301。

③ R. C. Allen, *Enclosure and the Yeoman*, p. 96.

④ J. S. Cockburn and H. P. F. King, eds., *The Victoria History of the County of Gloucester*, Vol. 5, London: University of London, 1996, p. 33.

⑤ B. W. Adkin, *Copyhold and Other Land Tenures of England*, pp. 96-97.

第三节 公簿持有地的流转特点和方式

土地流转的形式以土地是否通过市场来流转为标准，大致可以分为两种：一是通过土地市场进行的土地流转；二是非土地市场的土地转移。其中前者包括非家内的土地交易和家内非习惯土地转移，后者包括依据庄园习俗继承土地和诸如没收等强制性的土地转移。[①] 近代早期公簿持有农的土地流转主要是非家内的市场性流转和具有家内继承、遗嘱性质的非市场性流转，此外也存在将公簿持有地转化为自由持有地或租赁持有地进行流转的现象。

一、非家内的市场性土地流转

1290 年，爱德华一世颁布的《土地买卖法》确认了自由持有农买卖土地行为的合法性，简化了自由持有地的交易方式[②]，但没有承认维兰的土地买卖权利，他们所占有的非自由土地是不能公开买卖的。但实际上，在中世纪英格兰，非自由土地的交易非常普遍。例如 1260—1319 年间伍斯特郡里德戈拉夫庄园记载了 2756 件出售者生前家外的习惯土地让渡案例，该庄园共有习惯土地 1317.5 英亩，交易面积高达 1304.75 英亩。[③] 再以海文汉主教区在 1274—1558 年间土地流转情况为例，可知在 1274—1299，1328—

① Jane Whittle, *The Development of Agrarian Capitalism: Land and Labour in Norfolk, 1440-1580*, p. 95.

② W. H. R. Curtler, *The Enclosure and Redistribution of Our Land*, pp. 55-56.

③ R. M. Smith, ed., *Land, Kinship and Life-cycle*, p. 20.

1343，1381—1399，1400—1416，1425—1443，1444—1460，1483—1497，1498—1512，1513—1528，1529—1543，1544—1558年间的生前家外非亲属之间的土地流转数量分别占总流转数量的63%、75%、64%、69%、87%、79%、73%、58%、68%、64%、56%，是比较流行的土地流转方式。[①] 随着庄园制度的衰落和农奴制的解体，在黑死病的冲击下，公簿持有农的土地交易频率更高，流转土地的数量也更多。[②] 到近代早期，公簿持有农家外流转土地的数量逐渐超过家内土地流转。以英国埃塞克斯郡的厄尔斯科恩（Earls Colne）的庄园记载为例，在16、17世纪有超过半数的土地流转是在非亲属之间进行的。就1501—1505年的土地交易情况来看，厄尔斯科恩庄园内共有28件公簿持有地的交易，其中有4件是受赠于领主的，18件是出售者生前非家内的转移，而家内转让的土地仅有6件。再以1589—1593年的交易情况为例，厄尔斯科恩庄园内有51块公簿持有地进行了流转，其中至少有21块地的交易是佃户为了赚得现金而将其持有的公簿持有地出售给非亲属，还有许多件交易是通过抵押和租赁的方式进行流转的；在亲属之间以继承的方式进行的土地转让尚不足一半。以1603—1607年的交易情况为例，庄园内有30块公簿持有地进行了流转，其中19块是出售者生前非家内的转移，家内转让的土地有11块。[③]

① Jane Whittle, *The Development of Agrarian Capitalism: Land and Labour in Norfolk, 1440-1580*, p. 120.

② R. H. Tawney, *The Agrarian Problem in the Sixteenth Century*, pp. 90-91.

③ Alan Macfarlane, *The Origins of English Individualism*, pp. 86-87, 99.

法律上规定公簿持有农无权流转土地，这是因为土地是他们以一定条件从领主那里保有的，所以无权将手中地产出售给购买者，即公簿持有农不具有买卖普通法地产的权利[①]，而且这些不自由土地受到领主或多或少的控制，公簿持有农只能采用让渡的形式来进行土地转移。让渡的具体程序是：公簿持有农来到庄园法庭，先将其公簿持有地移交或归还给庄园领主，领主再将土地让渡给购买者。如果领主缺席，就由管家或领主授权当中介的人来主持。佃户移交给领主或管家仅是象征意义上的转让，领主或管家接收土地时需要在庄园案卷中登记。当然领主不是免费充当中介人，在购买者实际接收土地之前，不仅佃户仍需要向领主履行役务，购买者还需要向领主交纳一笔费用。如果一个购买者购买了多块分散的地产，他需要分别接管每块土地，以便于区分每一块土地的特征。简单说，B 地的 A 来到庄园法庭，在法庭上向领主交出一块地，领主再让渡给 D 地的 C 及其继承人或直系继承人，接着前述的 C 按照领主的意愿和庄园的习俗以终身为期从领主手中持有前述的那块地产，并可以由其继承人或直系继承人来持有，C 需要向领主交一笔入地费并宣誓效忠。[②] 例如，诺福克郡的海文汉主教区的某庄园案卷记录的一个协议，西蒙 · 威斯与约翰 · 瑟克尔德及其妻玛格丽特达成了购买土地协议，但由于威斯所出售

---

① B. W. Adkin, *Copyhold and Other Land Tenures of England*, p. 101.

② Thomas Littleton, *Littleton's Tenures, with Notes and Copious Questions on the Text and Notes*, p. 27; B. W. Adkin, *Copyhold and Other Land Tenures of England*, pp. 101-103; R. H. Tawney, *The Agrarian Problem in the Sixteenth Century*, p. 86; A. W. B. Simpson, *A History of the Land Law*, pp. 170-171.

的是一个小茅舍和6英亩的习惯地，他们之间的土地交易需由领主介入。因而，威斯首先将土地让渡给领主，瑟克尔德及其妻以新佃户的身份宣誓效忠并向威斯的领主交纳了2先令作为中介费，此外他们向威斯支付的购地费是6英镑13先令4便士，但是可以以分期付款的形式在每年圣米迦勒节时交纳13先令4便士，直到还清为止。[①]

然而也并非所有公簿持有农的土地流转都是通过庄园法庭。早在13世纪时，农民就开始不经庄园法庭知悉来重新安排土地，而且相当大一部分土地交易逃脱了庄园的控制。[②] 例如在圣·阿尔本斯修道院的一件土地诉讼案中，修道院领主与佃农博西对簿法庭，由于土地经手过数人，以至于修道院领主很难确定博西所持有的公簿持有地是否来自该修道院。[③] 伍斯通的沃特尔在1385年也出租了一块茅舍地而没有获得领主的许可。[④] 从这些案例可以看出，有些土地流转并未取得领主同意，而是农民在私下进行的。近代早期这种情况更为常见。值得注意的是，经手数人的土地流转不一定都是买卖，也有可能是租赁。[⑤] 16世纪早期，在剑桥郡的

---

① Jane Whittle, *The Development of Agrarian Capitalism: Land and Labour in Norfolk, 1440-1580*, p. 111.

② E. A. Kosminsky, *Studies in the Agrarian History of England in the Thirteenth Century*, p. 212.

③ M. M. Postan, *Essays on Medieval Agriculture and General Problems of Medieval Economy*, Cambridge: Cambridge University Press, 1973, p. 123.

④ P. D. A. Harvey, *The Peasant Land Market in Medieval England*, Oxford: The Clarendon Press, 1984, p. 126.

⑤ J. Goody, J. Thirsk and E. P. Thompson, eds., *Family and Inheritance: Rural Society in Western Europe, 1200-1800*, p. 137.

大艾宾顿的许多地方，17个公簿持有农购买了不少土地，个别公簿持有农通过兼并几份半码地从而占有了50英亩或者更多土地。[①]在17世纪初，剑桥郡西南部的奥威尔堂区，托马斯从一个叫尼古拉斯的约曼手里买走了两间宅院、7英亩的自由持有地和14英亩的公簿持有地。17世纪中期，剑桥郡东北部的启彭汉姆堂区的罗伯特·特巴特为了偿还债务而卖掉他从约翰·弗兰西斯那里买到的60英亩可继承的公簿持有地。此后，该庄园领主欧福德以年金35英镑、总地价700英镑，也就是20倍的年收益买到了之前属于特巴特的一些可继承的公簿持有地。到1696年，欧福德又将村庄里剩余的公簿持有地买走了。[②]

二、家内土地流转

（一）继承性质的土地流转

中世纪的法学家如格兰维尔、布莱克顿深受罗马法的影响，认为维兰完全隶属于其主人，没有财产权利，更谈不上继承和土地交易。[③]但实际情况是，维兰继承动产和不动产的权利得到习俗和教会的支持，甚至王室法庭也承认在不适用法律（Lex）的地方应当尊重当地的习俗。[④]维兰和公簿持有农的实际继承权是

① L. F. Salzman, ed., *The Victoria History of the County of Cambridgeshire and the Isle of Ely*, Vol. 6, p. 11.

② M. Spufford, *Contrasting Communities, English Villages in Sixteenth and Seventeenth Centuries*, Cambridge: Cambridge University Press, 1974, pp. 70, 74-75, 109.

③ Paul Vinogradoff, *Villainage in England*, pp. 44-45.

④ J. Goody, J. Thirsk and E. P. Thompson, eds., *Family and Inheritance: Rural Society in Western Europe, 1200-1800*, p. 121.

毋庸置疑的。公簿持有农的家内土地流转，一般是根据公簿持有农持有的土地类型，按照庄园里特定的习俗来进行的，而庄园习俗又主要根据庄园法庭案卷的记录而定。[①]就公簿持有农因继承而产生的土地流转来看，无论是实行长子继承制、幼子继承制或诸子均分制，只要享有自由继承的公簿持有权，持地人往往具有较高的权利，根据庄园的习俗并在庄园法庭登记就可以流转自己的土地，而且可以一代一代传下去。[②]例如根据苏塞克斯郡属于佩勒姆的威尔登地的一系列庄园案卷的记载，在近代早期，可继承的公簿持有农的安全性还是比较高的，就跟“自由持有农一样好”。[③]由此看来，继承人能够毫无阻碍地继承公簿持有地，仅需按传统交纳一年地租，而且当土地流转时，佃户所交纳的入地费也是适中的，60 英亩地仅交 20 先令的入地费。[④]特别是在“习惯的佃户权”（customary tenant right）盛行的北部地区，可继承的习惯地产的流转无须领主许可，交易者只需要到庄园法庭上登记一下并支付一笔费用。[⑤]

---

① K. E. Digby, *An Introduction to the History of the Law of Real Property: With Original Authorities*, p. 390.

② J. Goody, J. Thirsk and E. P. Thompson, eds., *Family and Inheritance: Rural Society in Western Europe, 1200-1800*, p. 118.

③ W. Page and J. H. Round, eds., *The Victoria History of the County of Essex*, Vol. 2, London: Archibald Constable and Company Limited, 1907, p. 319.

④ E. M. Mate, “The East Sussex Land Market and Agrarian Class Structure in the Late Middle Ages”, *Past & Present*, No. 139 (May, 1993), p. 61.

⑤ R. M. Smith, ed., *Land, Kinship and Life-cycle*, p. 338.

（二）遗嘱性质的土地流转

可继承的公簿持有农的数量毕竟是有限的[①]，依据继承规则并不能满足所有公簿持有农处理地产、照顾家庭成员和自己养老的需求，公簿持有农也一直寻求更好的方式来处理家产。根据中世纪时土地法的规定，无论是自由人还是不自由的维兰都没有遗嘱处分不动产（土地）的权利，特别是维兰，理论上讲他们本身就没有任何财产，因此无法让渡、处分财产。[②]但现实并非如此，以爱德华一世对于维兰遗嘱处分土地的两份旨令为例，可以证明法理与实际的差异。第一份是记录在坎特伯雷的资料："一旦订立了遗嘱，就应该生效"；第二份是记录在约克的材料："国王严格禁止任何阻碍自由人和教士立遗嘱的行为，但领主可以制止维兰立遗嘱，因为只要领主愿意，便可以取走维兰的全部财产。但（维兰）一旦订立了遗嘱，就是有效的，就要得到遵守"。[③]此外，圣·阿尔本斯修道院也记载了大量维兰或公簿持有农订立遗嘱的案例，"维兰就像处理动产一样处置土地"，证明维兰实际有遗嘱处分权。[④]可见，维兰的实际占有权要比法律规定的更为坚实。

---

① 总的来说，在都铎王朝时期，为期数代的公簿持有农的数量超过可继承的公簿持有农，比例约二比一。参见 Joan Thirsk, ed., *Agrarian History of England and Wales*, Vol. 4, p. 685。但也存在地区差异性，例如 1568—1573 年，在分布于萨默塞特郡、德文郡和威尔特郡的 21 个庄园中，只有一个庄园全部是可继承的公簿持有。参见 R. H. Tawney, *The Agrarian Problem in the Sixteenth Century*, p. 298。

② Paul Vinogradoff, *Villainage in England*, p. 159.

③ P. R. Hymas, *Kings, Lord, and Peasants in Medieval England: The Common Law of Villeinage in the Twelfth and Thirteenth Centuries*, Oxford: Oxford University Press, 1980, p. 72.

④ 此处见 A. E. Levett, *Studies in Manorial History*, p. 223, 大量的案例可见 pp. 208-223。

就公簿持有农处分土地的目的来分，有养老和照顾子女两类。公簿持有农为老有所依，会在生前订立处置家产的契约，这通常是跟继承人签订的，继承人可是血亲也可不是。让渡的形式是持地人把土地让渡出去[①]，与受地人签订赡养协议。例如威廉将他的土地让渡给儿子们，条件是儿子们要照顾并赡养他。罗伯特也将自己的宅院和一块维尔盖特自营地及半块维尔盖特习惯地让渡给儿子，条件是儿子要赡养他和妻子。非血亲之间也可以订立该契约，这样的例子也常见。[②]如果继承人不能很好地履行赡养义务，持地人就会收回土地，与他人重新订立契约。[③]

某些一家之主为了在死后也能照顾子女，更为常见的方式是将土地托管，设立一个“遗嘱信托”，这样便可以按自己意愿来处理所持有的地产，而较少受到外界的阻力。例如科博沃斯的威廉·史密斯留有四个孩子及一笔债务，他在遗嘱中指示遗嘱执行人在自己死后卖掉自己的公簿持有地以便偿还债务并抚养孩子，剩余的钱要在四个孩子中平均分配，但要多给幼子 5 英镑。[④]托管土地的行为蔚然成风，给领主们造成一定损失，但都铎王朝的君

① 让渡程序为“A surrender the land ad opus B”，这跟上述公簿持有农一般的让渡程序（A surrender the land into the hands of the lord and B came and take it）不同。前者中，B 是为了 A 的利益而占有土地，B 还要提供给 A 土地上的收益。在一般的土地让渡中，B 是购买方，是为了自己的利益占有土地，跟 A 没有关系。

② J. Goody, J. Thirsk and E. P. Thompson, eds., *Family and Inheritance: Rural Society in Western Europe, 1200-1800*, p. 129.

③ Christopher Dyer, *An Age of Transition? Economy and Society in England in the Later Middle Ages*, Oxford: Oxford University Press, 2005, p. 47.

④ J. Goody, J. Thirsk and E. P. Thompson, eds., *Family and Inheritance: Rural Society in Western Europe, 1200-1800*, p. 142.

主无力全面禁止托管土地的行为，在颁布《用益法》后又颁布了《遗嘱法》，给予了部分自由持有保有人合法的遗嘱处分权利①，但将公簿持有农的法定遗嘱处分权排除在外，除了在少数极特别的地方②，公簿持有农不得用遗嘱处理家产。所以在近代早期，公簿持有农大多选择采用托管的方式来处理家产，直到乔治三世统治时期，公簿持有农才获得了用遗嘱处理家产的法定资格。③

三、公簿持有地的转化

在近代早期英国的乡村，有种情况也不少见，即一部分公簿持有农向自由持有农或租赁持有农转变，一些公簿持有地通过一些程序转变为自由地或租赁地。有的农民将到手的公簿持有地按程序转换为自由持有地，几经转手，获利不少。例如 1555 年在临近苏塞克斯郡刘易斯的普兰普顿庄园里，当地乡绅马斯克家族以 400 英镑的价格购买了整个庄园的自营地。同年，一个叫理查德·弗里曼的农夫占有了原属于该庄园的一块 30 英亩的公簿持有地，1559 年他以 10 先令年金和 10 先令继承金为代价将这块土地

---

① 此时，这部分自由人所获得的遗嘱处分不动产的权利是有限的，财产持有人仅能处分其中的三分之二，国王对剩余三分之一的财产保有监护权、先占权等权益，不允许有任何减少、欺诈和剥夺。参见 John Baker, ed., *Baker and Milsom, Sources of English Legal History, Private Law to 1750*, p. 139。《遗嘱法》的详细内容可参考第 137—141 页。

② 例如在英国北部地区，某些习惯佃户就可以遗嘱处分他们的可继承的习惯地产，如果没有遗嘱，土地则自动地遗传给孩子和其他法定继承人，就保有土地的安全性上来看，他们跟自由持有农无异。参见 R. M. Smith, ed., *Land, Kinship and Life-cycle*, pp. 338-339。

③ W. S. Holdsworth and C. W. Vickers, *The Law of Succession, Testamentary and Intestate*, New Jersey: The Law Exchange Ltd., 2004, p. 29; A. W. B. Simpson, *A History of the Land Law*, p. 170.

转化为自由持有地。1570 年，弗里曼去世后，这块自由地产由其寡妻来接管，之后由其子托马斯继承。托马斯以 165 英镑的价格将这块地卖给了一个叫约翰·罗的乡绅。之后的 20 年内，这块地又被转手过两次。到 1619 年，持地者以 340 英镑的价格再次转卖这块地。到 1655 年时，这块土地竟然价值 437 英镑 10 先令，比 100 年前购买整个庄园的自营地的价格还要高。[①]

公簿持有向租赁持有转变也是一个不可忽视的现象。一般来说，在近代早期，佃户以一定年限承租了公簿持有地，如果原持有者同意佃户更新地契，那么佃户支付一笔两年的租金就能将公簿持有地转换为租赁持有地，但实际操作中往往较为复杂。[②] 例如在林肯郡奥姆斯比庄园有许多公簿持有者转换为租赁持有者。[③] 此外，一些不具有继承权的公簿持有农为了获得继承权，也将自己所持有的公簿持有地转化。例如在苏塞克斯郡属于佩勒姆的威尔登地，1531 年史蒂芬·霍克为了将自己的公簿保有制转化为可继承的公簿保有制，先让渡两座屋舍和 67 英亩地块给领主，然后重新同领主签订地契，为此他支付了 5 英镑。[④] 此外，部分公簿持有农因种种原因将所持土地转租出去，受地人可能是公簿持有农，也有可能是自由持有农或租赁持有农。

---

① Mildred Campbell, *The English Yeoman under Elizabeth and the Early Stuarts*, p. 75.

② W. J. Ashley, *The Economic Organization of England*, London: Longman, Green & Co., 1916, p. 133.

③ William Page, ed., *The Victoria History of the County of Lincolnshire*, Vol. 2, p. 301.

④ E. M. Mate, "The East Sussex Land Market and Agrarian Class Structure in the Late Middle Ages", p. 61.

小 结

从中世纪晚期到近代早期，维兰保有制逐渐发展为公簿持有制，从一种以封建役务为基础的土地保有形式逐渐转化为一种纯粹的土地持有方式，从一种领主管控下的土地让渡逐渐转化为市场性的土地交易。在这个过程中，公簿持有农的土地占有、处分权有了较大的发展，并受庄园习俗、普通法和衡平法三重保护。这是通往现代产权制度不可或缺的阶段。尽管法律规定公簿持有农不具有让渡普通法地产的权利，但是大量的市场性交易和非市场性土地流转体现了公簿持有农的真实的土地权利。这种法律与现实的背离是英国土地制度独特的现象。农民的实际占有权往往更为坚实，一旦实际占有土地就很难被任意驱逐，与“所有权”相当接近。随着农业经济的发展，部分公簿持有农或许不适应新的生产组织方式，出现了分化：富裕者更乐意转化为自由持有者，善于经营者转化为租赁持有者，贫困者退佃成为无地者，还有继续维持公簿持有农身份的人。公簿持有保有制一直持续到 20 世纪初，是最长久的土地保有形式之一。近代早期是公簿持有农的土地权利的发展定型期，值得更多更深入的研究。

第四章　租赁持有地的流转

土地流转并不局限于公开的土地买卖，土地租赁及以租赁之名而实际转让土地的行为在近代早期英国也较为常见。租赁持有地（Leasehold land）是近代早期英国土地类型的重要组成部分，租赁持有保有制（Leasehold tenure）也是近代早期英国土地保有制的一种类型。随着租赁持有被纳入普通法体系之内，租赁持有地产权逐渐由动产权益发展为准不动产权益，受到法律和契约的保护。民众可以通过特殊的受益性租赁、先租后买、出租并放弃、长达千年的租赁等方式以租赁之名行买卖土地之实。租赁持有地的流转改变了土地占有结构，丰富了土地转让形式，扩充了土地市场规模，加速了英国农业生产组织形式的变革。租赁持有保有制的发展以及租地农场的经营方式长期以来被视为英国资本主义农业发展的制度性先决条件之一。[1]

---

① Bas J. P. van Bavel and Phillipp R. Schofield, eds., *The Development of Leasehold in Northwestern Europe, c.1200-1600*, p. 139.

第一节 租赁持有保有制的产生与发展

英国土地租赁的历史可追溯到盎格鲁-撒克逊时期。在这一时期，土地租赁已经初现端倪，佃户在租期结束后需将租地上的建筑和牲畜一并归还给领主。[①] 随着诺曼征服的完成，英国正式进入了封建时代，以土地为纽带的封君封臣关系成为封建社会的重要支柱。封建主义的核心在于土地的占有和分配，土地的自由流动受到了严格的限制，旨在维护封建社会的秩序稳定和保障封君的封建收益。封臣借助封土再分封不仅可以转让土地占有权，还可以出租土地获得地租，规避了限制土地流转的规则，提高了土地的自由处分权。承租者向出租人宣誓效忠，所支付的地租并非商业性租金，而是因受封土地需履行的役务。如果承租者不按时交纳地租，出租人（领主）还可结束封授关系，将土地收回。土地租赁体现了封建社会的特色。

随着商品货币经济的蓬勃发展，封建人身依附关系逐渐削弱，不仅以服军役为基础的军役保有逐渐为扈从契约所超越，而且以服劳役为基础的庄园制和农奴制也逐渐衰落，封建主义因此发生了深刻的演变。此外，黑死病的频繁暴发对社会造成了巨大冲击，庄园劳动力锐减，社会流动性加剧，使得领主难以维持原有的庄园经济模式。在这种情况下，领主们发现将自营地出租能够带来更为可观的利益，因此纷纷选择将其部分或全部土地出租给他人。

① F. Pollock, *The Land Laws*, p. 141.

越来越多的普通民众开始承租自营地，土地承租后再转租的现象也屡见不鲜。民众与领主签订了不同于习惯地契的契约。这种契约就是一种租约，在法理上主佃之间是一种人身依附关系，地租是一种封建役务，土地租赁关系就形成了一种新的保有制关系，契约租佃被纳入土地保有制框架内。租赁持有以契约为基础，由契约而非习俗来决定租金和其他义务，所以可以根据市场情况来及时调整并适应变化[①]，被认为是封建性特征最少的一种土地保有制形式。

租约不仅仅是一种契约，还意味着创设了财产权。承租者因承租土地而分割了出租者的地产权。[②]从租赁持有地的法律属性来看，最初，租赁持有地产权并非不动产地产权，而是一种受租约限制的土地的动产权益（chattel interests in land），其权限低于自由持有权，由出租人和承租人订立的契约来规定租期内诸项事宜。[③]正如利特尔顿所言，土地租赁无论是否通过契据（deed）完成，出租人都不需要将普通法占有权转让给承租者。[④]作为一种动产权益，承租者不能像自由持有人那样享有土地的限嗣继承权，在转让土地时仅能按照动产规则而非不动产法则转让权益。也就是说，如

① Bas J. P. van Bavel and Phillipp R. Schofield, eds., *The Development of Leasehold in Northwestern Europe, c.1200-1600*, p. 139.

② Jan Matauschek, *Rent Adjustment and Tenant Default in English and German Commercial Property Leases: An Economic and Legal Analysis*, Frankfurt am Main: Peter Lang, 2010, p. 49.

③ B. W. Adkin, *Copyhold and Other Land Tenures of England*, p. 65; F. Pollock, *The Land Laws*, p. 144; K. E. Digby, *An Introduction to the History of the Law of Real Property: With Original Authorities*, p. 206.

④ Thomas Littleton, *Littleton's Tenures in English*, p. 13.

果在租期终止前佃户死亡且留有遗嘱，该租赁持有地可以按其遗嘱处理，就像牲畜或货币等动产那样由其遗嘱执行人按照动产处理原则处置。如果佃户死亡而并未留有遗嘱，同样按照动产的方式处理其租赁持有地。[①]

随着土地租赁现象的增多，租赁相关的土地诉讼频频出现。普通法创设了有关租地的令状以解决纷争、提供救济。早在15世纪末，承租人便可通过“侵占租约地之诉”（ejectione firmae）[②]要求返还承租的土地。[③]租赁持有逐渐被纳入普通法的保护之下，其权益逐渐由动产权益向准不动产权益（chattels real）发展。但是在两种特殊的情况下，承租人难以通过“侵占租约地之诉”获得救济。第一种情况是，由于承租人没有自由持有地产权，在针对出租人的共谋[④]诉讼中，他有可能被胜诉的原告驱逐。[⑤]例如在某案例中，原告A是出租人B的领主，B为了规避封建役务通过用益将土地转让给用益受封人C，C获得了受托地产的自由持有地产权，然后按照B的意见将该受托地产出租给承租人D。当A控诉B与C共谋欺诈并获得胜诉时，由于承租人D分割了C的地产

---

① F. Pollock, *The Land Laws*, pp. 143-144.

② 侵占租约地之诉指“针对土地的出租人（lessor）、土地归复权人（reversioner）、土地剩余权地产人（remainderman）或与该土地无关而在承租期内非法剥夺承租人对该土地占有权的人提起侵占租约地诉讼的令状”。参见薛波：《元照英美法词典》，第383页。

③ W. Holdsworth, *An Historical Introduction to the Land Law*, p. 72.

④ 共谋是“指两人或两人以上为了损害第三人的合法利益或获取非法利益而达成的协议。此协议中暗含着某种欺诈，或某种欺诈手段的使用，或以合法手段实现某种非法目的”。参见薛波主编：《元照英美法词典》，第248页。

⑤ K. E. Digby, *An Introduction to the History of the Law of Real Property: With Original Authorities*, p. 208.

权、仅享有地产的租赁权益，所以存在被驱逐的可能。直到亨利八世统治时期议会颁布了一部法案才解决了这一问题，即定期租地的承租人如果在承租年限内权益受到欺诈，有权在承租年限内追偿。[①] 第二种情况是，如果出租人将承租人逐出，然后又将租地授予第三人，那么承租人的权益很有可能受到损害。由于第三人并非驱逐承租者之人，故承租人不能借助“侵占租约地之诉”对抗第三人；由于承租人只享有土地的使用权，没有普通法占有权，故也不能对出租人提起强制逐出令。面对诸多相似的案件，普通法法庭针对这种情况提供救济，即承租人可借助“缘何于租期内逐出承租人之令”（quare ejecit infra terminum）[②]，在特定的情况下起诉第三人。因此，定期租地的权益逐渐在各个方面受到保护，并成为一种独特的财产权。[③] 农业生产者获得安全的财产权，这成为农业革命的先决条件。[④]

---

① *The Statutes of the Realm,* Vol. 3, p. 297.

② 缘何于租期内逐出承租人之令是“侵权令的一种。这是一种针对侵权人并非地产的所有人而是其封臣或其权利依附于他的人发生侵权行为而发出的令状。与此相关的另一种令状是驱逐租地人之令（ejectione firmae），它开始的是驱逐之诉（ejectment），侵权人可以是包括出租人在内的任何人。这两种诉讼都是混合诉讼（mixed action），都是既返还地产，又可以请求赔偿。前者在拟制的侵入土地之诉引进之后便被弃置不用，并于 1833 年被正式取消，因为该拟制诉讼不再考虑侵权人是如何获取对土地的权利的”。参见薛波：《元照英美法词典》，第 1129 页。

③ K. E. Digby, *An Introduction to the History of the Law of Real Property: With Original Authorities*, p. 208.

④ Robert C. Allen, “Progress and Poverty in Early Modern Europe”, *The Economic History Review*, Vol. 56, No. 3 (Aug., 2003), p. 433.

第二节 租赁持有地的类型及权益

在中世纪后期到近代早期英国，较为常见的租赁持有地的法律类型有定期租地（Tenancy for years）和任意租地（Tenancy at will），反映了不同租赁类型承租人的权益差异。定期租地的租期固定，又可以分为短期租赁和长期租赁两种。短期租赁是指为了占有土地、屋舍、煤矿[①]等而签订的普通租约，其租期一般不超过99年，需要保留地租。长期租赁是指通过家族授产契约（deeds of settlement）、遗嘱或抵押契约而订立的长达千年的租约，这种类型的租赁通常不需保留地租。相比较而言，短期租赁在领主佃户关系中更为常见。在租约内，定期租地的承租者的权益受到保护。相较于定期租地，任意租地的租期并不固定，租约可通过口头和书面的方式订立，租约的延续凭主佃双方的意愿[②]，其“基本特征是承租人不拥有任何记录交易的文书，但在必要时可以求助于庄园法庭的记录或庄园习俗”[③]。由于在一定条件下可以随时终止租期，这种租赁形式的任意性削弱了土地租赁的安全性。

依据租赁土地时订立契约的性质，租赁持有地还可以分为商业性租赁地和受益性租赁地。商业性租赁地的租约能够反映市场

---

① 例如在诺丁汉郡博瓦莱修道院每年向约翰·查沃斯爵士支付27先令4便士在其土地上挖煤的费用。再如威廉·阿诺德勒支付给小修道院一笔13先令4便士的年金就能够在租约内挖煤。参见 William Page, ed., *The Victoria History of the County of Nottingham*, Vol. 2, London: Archibald Constable and Company Limited, 1910, pp. 106-107。

② B. W. Adkin, *Copyhold and Other Land Tenures of England*, pp. 64-65, 68.

③ P. D. A. Harvey, *The Peasant Land Market in Medieval England*, pp. 133-134.

价值，所签订的租期较短，一般为1—21年，按照土地的市价来定租金，交纳的租金类型多为高额租金（rack rents）或商业性租金（commercial rents），承租人在租赁土地时不需要交纳入地费。例如汉普顿的三名佃户以7年为期承租了哈顿的7块空闲的维尔盖特土地，每年交纳地租1英镑15先令。其中一人托马斯·罗维斯的后代承租了整个哈顿，年租金为8英镑。[①]

相较于商业性租赁地，受益性租赁地的租期较长，一般为21年或更长，例如兰开夏郡斯卡里斯布里克的理查德·莱瑟姆，成年后一直住在从父亲那里继承的19英亩的租地农场里。[②]受益性租赁的租金类型为较低的固定地租，这类租赁主要强调租约受契约和习惯的保护，在契约开始时需要交纳反映该地块市价的入地费。[③]在出现通货膨胀的情况下，租金较低且固定的受益性租赁无疑能令承租者获益。例如布里斯托尔的圣奥古斯丁修道院在1489年以年租60先令的价格出租了位于罗巴洛夫的自营地，租期为三代或60年，后又转租给他人，租金一直到1527年都未改变。国王在当地拥有大量土地，是最大的出租方，难以按商业性租赁出租土地。[④]

领主自营地或农民份地都是出租土地的类型。例如，白金汉

---

① E. B. Fryde, *Peasants and Landlords in Later Medieval England*, p. 82.

② Keith Wrightson, ed., *A Social History of England, 1500-1750*, p. 152.

③ Bas J. P. van Bavel and Phillipp R. Schofield, eds., *The Development of Leasehold in Northwestern Europe, c.1200-1600*, p. 141.

④ Bas J. P. van Bavel and Phillipp R. Schofield, eds., *The Development of Leasehold in Northwestern Europe, c.1200-1600*, pp. 143-144.

郡的沃顿艾德伍德庄园的领主从爱德华一世统治中期就开始出租部分自营地，为了取得高额的入地费，他甚至割裂了出租土地与庄园的联系。因为出租的土地不带有任何庄园的役务，所以承租者需要支付价格较高的年租，而且还需要交纳一笔比租金高 12 倍左右的转让费（36 先令 8 便士）。[①] 伯克郡的伍斯通庄园，由于受到黑死病影响，佃户人数减少。在 1352 年领主手中有 13 份半维尔盖特土地没有佃户耕作，领主就出租给新的租地者。新佃户没有按照原有维兰保有制持有土地，而是以交纳货币地租的租赁持有的方式承租土地。这本是领主为了不使土地荒芜的权宜之计，之后却成为永久占有。[②] 再如，威廉 · 怀特继承了位于米恩斯托克的 142 英亩公簿持有地，他将其中 77 英亩土地以 21 年期转租出去，剩余的 65 英亩土地由自己耕种。[③]

除了世俗庄园，教会庄园也是租地的重要类型。宗教改革之前，修道院作为出租方曾出租了不少土地。修道院庄园的自营地多以为期数年的租期及按照庄园卷宗的副本形式出租。例如在伊夫舍姆修道院的奥芬汉姆庄园，部分自营地保留在修道院之手，剩余部分按照庄园卷宗的副本来出租。在该修道院的另一个庄园奥布莱斯利，所有的自营地都按照庄园卷宗的副本来出租。在伍斯特郡修道院玛尔文持有的保维克 · 梅索尔和帕克萨姆庄园中，

---

① E. A. Kosminsky, *Studies in the Agrarian History of England in the Thirteenth Century*, p. 250.

② P. D. A. Harvey, *The Peasant Land Market in Medieval England*, p. 124.

③ Chris Briggs and Jaco Zuijderduijn, eds., *Land and Credit, Mortgages in the Medieval and Early Modern European Countryside*, Gewerbestrasse: Palgrave Macmillan, 2018, p. 64.

部分自营地保留在庄园领主之手，部分土地以任意租地的方式出租，修道院庄园领主还会将自营地和屋舍，有时连同牲畜一同出租给一个农民。苏塞克斯的拜陶修道院拥有 22 个完整的庄园，只留有 1 个庄园由教士自己直接耕种，19 个庄园是由单个农民耕作，有 1 个庄园出租给两个农民，最后 1 个庄园出租给三个农民。① 随着修道院的解散，修道院地产也被出租。例如托马斯·莱是解散修道院的受益者，他获得了几份前修道院土地的租约。② 再如 1536 年 9 月，斯克罗普勋爵以 300 英镑获得了前蒙斯特拉坦斯修道院的租约；1537 年伊斯比修道院解散时，约翰·斯克罗普勋爵承租了伊斯比修道院的建筑和土地。③

随着租赁规模的扩大，民众所承租的土地类型也不仅是自营地和份地，还包括荒地、草地以及圈围的土地。出租自营地的收入占据租地收入主要部分。萨维恩整理了 78 个修道院的出租清册，领主出租庄园土地所得共计 1628 英镑 10 先令 $7\frac{7}{8}$ 便士，其中自营地地租所得高达 938 英镑 17 先令 $11\frac{3}{4}$ 先令，占比五分之三左右。④ 就土地保有类型来看，包括或同时包括自由持有地、公簿持有地和租赁持有地。自由持有人不仅可以持有公簿持有地，也可以承租庄园自营地和农民份地，公簿持有人和租赁持有人同样

① Alexander Savine, *English Monasteries on the Eve of the Dissolution*, pp. 153-154.

② Harriet Lyon, *Memory and the Dissolution of the Monasteries in Early Modern England*, Cambridge: Cambridge University Press, 2022, p. 59.

③ Karen Stöber, *Late Medieval Monasteries and Their Patrons: England and Wales, c.1300-1540*, Woodbridge: Boydell Press, 2007, pp.187-188.

④ Alexander Savine, *English Monasteries on the Eve of the Dissolution*, pp. 155-156.

可以持有其他类型的土地，致使土地持有出现了重合，进而导致持地者身份重合。这亦表明在近代早期英国土地的法律属性逐渐淡化。

第三节 租赁持有地的流转特点和方式

中世纪英格兰的土地租赁既有领主与佃户之间的租赁，也有佃户之间的土地转租。领主与佃户之间的租赁主要是佃户承租领主的自营地。领主自营地的出租方式既有整块或大规模的土地出租，也有小块土地分割出租，承租者多为不同阶层的农民，其中以小块自营地出租的形式更为流行。在13世纪晚期和14世纪早期，主佃之间的租赁主要出现在英格兰南部、中部和东部的庄园，租期往往很短，领主自营地的出租要比农民份地的出租更为常见。例如在康沃尔公爵地产上，7年租期的租赁持有是占主导的土地保有方式，佃户需交纳市场性租金并有权更新地契。经过黑死病的冲击，英格兰人口损失惨重，威斯敏斯特修道院庄园的幸存者们越来越不愿意以传统的习惯保有制持有土地，教士们不得不将那些随着先前的佃户死亡而落入他们手中的土地出租。在威斯敏斯特修道院的伯德布鲁克庄园，12年的租期让位于更短的租期，到14世纪末，承租人的租期通常只有一年。这种现象在伍斯特主教区和达勒姆隐修院同样可见。到15世纪早期，9年或更短的租约约占达勒姆隐修院的庄园所有租约的一半。[①]

佃户之间租赁土地的现象也不少见，通常涉及相对较小的地块，租期相对较短。例如 1311 年，在霍顿的拉姆齐庄园，3 份土地的租期为 7 年，1 份土地的租期为 5 年。[②] 若租期是一年到两年的超短期租赁，佃农就无须到庄园法庭登记，获得领主认可。在 14 世纪 50 年代之前，圣・奥尔本斯修道院佃户之间的不足 2 年的短期租赁无须获得修道院院长的同意。[③] 伍斯通的沃尔特在没有获得领主许可的情况下就承租了一块茅舍地。[④] 有时短期租约并不安全，有的承租人在期满后不愿意返还土地。如果租期较长，佃户就需要到庄园法庭登记，并且要支付合适的转让费，即入地费。[⑤] 例如 1373 年秋季的庄园案卷详细记录了一项租赁，即达勒姆郡考彭贝利的威廉・杰克森以 15 年租期承租了一块自营地，交纳了 6 英镑 13 先令 4 便士入地费。1415 年伯克郡的约翰・康布为承租土地支付了 1 英镑的入地费，1417 年约翰・福柯顿以 1 英镑 6 先令 8 便士的价格承租了土地。[⑥]

自 15 世纪末开始，租赁土地的行为更为普遍，土地流转加速。越来越多的庄园领主将自营地出租给许多小佃户或者出租给

---

① P. R. Schofield, *Peasant and Community in Medieval England, 1200-1500*, pp. 18-19.

② Edward Miller and John Hatcher, *Medieval England: Rural Society and Economic Change, 1086-1348*, London: Routledge, 1978, p. 141.

③ L. Slota, "Law, Land Transfer, and Lordship on the Estates of St. Albans Abbey in the Thirteenth and Fourteenth Centuries", *Law and History Review*, Vol. 6 (1988), p. 132.

④ P. D. A. Harvey, *The Peasant Land Market in Medieval England*, p. 126.

⑤ P. R. Schofield, *Peasant and Community in Medieval England, 1200-1500*, p. 20.

⑥ P. D. A. Harvey, *The Peasant Land Market in Medieval England*, pp. 128, 304.

少量大农场主。托尼指出，到16世纪中期时，约99%的庄园中的自营地被出租出去。许多自营地是在更早的时候被出租出去的。租赁的趋势是租期越来越长，出租土地规模越来越大。[①] 值得注意的是，租地农场主[②] 所承租的不仅仅是土地，还包括土地上所附着的权利，诸如庄园法庭的收入、来自习惯佃户的地租，以及与土地相关的牲畜、磨坊等设施等。[③] 相应地，承租者也要承担起日常修缮及其他相关任务。例如，威斯敏斯特修道院土地的承租人通常被要求维修建筑，所用木材可由修道院提供。1495年，尼古拉斯·威灵顿得到承诺，如果他愿意在托德纳姆建造一座庄园或门楼，就可以自费砍伐木材。1496年，珀斯霍尔的一位新承租人承诺在承租的一年内重建一座两层的房屋。[④]

承租土地后的转租行为同样较为常见。哈里森的研究表明，1554年，斯塔福德郡坎诺克1400英亩的庄园土地中有三分之二被转租。有些佃户自己不事耕作，而将全部土地转租出去；有些佃户把部分土地转租出去，或向他人租种土地。规模在200英亩

---

① R. H. Tawney, *The Agrarian Problem in the Sixteenth Century*, pp. 202, 209.

② 同时也应注意承租自营地者并非都是租地农场主，关键要看其是雇佣农业劳动力进行经营，还是承租自营地后再转租出去。

③ R. H. Tawney, *The Agrarian Problem in the Sixteenth Century*, p. 211. 具体的例子也不少，例如格洛斯特郡有承租人以若干年期租赁了磨坊的例子，参见 William Page, ed., *The Victoria History of the County of Gloucester*, Vol. 2, London: Archibald Constable and Company Limited, 1907, pp. 156-157。再如，圣彼得修道院庄园的一份租约表明出租的不仅是耕地、草地、牧场等土地，还包括房屋、建筑物、鸽房、鱼塘和养兔场等。参见 A. E. Bland, P. A. Brown, R. H. Tawney, eds., *English Economic History: Select Documents*, p. 245。

④ Barbara Harvey, "The Leasing of the Abbot of Westminster's Demesnes in the Later Middle Ages", *The Economic History Review*, New Series, Vol. 22, No. 1 (Apr., 1969), p. 24.

以上以及10英亩以下的农场较为常见。巴克认为，至少从16世纪晚期开始，转租是普遍的和明显的，斯塔福德郡坎诺克的情况并非特例。[①]希普金指出，在17世纪中期罗姆尼沼泽地区，约有85%的领主自营地和索克持有地被转租。[②]

有的租地在租期结束后就被卖掉。例如1539年8月12日，林肯郡托马斯·伯顿以年租33先令4便士的价格承租了多佛主教区的一块土地，他于1545年9月30日将该土地卖给了约翰·布洛克斯霍姆和约翰·彼鲁。[③]1553年玛丽女王将海顿的部分地产以21年为期出租给乌里安·布雷尔顿爵士，租约到期后被伊丽莎白女王出租。1602年，伊丽莎白女王又将该地产出售。[④]

租赁持有地的流转速度呈现出较明显的区域特征。在英国东部、东南部以及临近伦敦等地的土地市场较为活跃，土地租赁的类型多为租期较短、地租较高的商业性租赁，以小块土地出租较为常见，商业性租赁地的流转速度相对较快。例如珀斯霍尔的租期在14世纪末时为12年、1439年为20年、1457年为7年，1461年为30年。从14世纪中叶到15世纪中叶，托登纳姆的租期从7年延长到12年，然后又延长到30年。在朗顿，从1420年的

---

① Keith Wrightson, ed., *A Social History of England, 1500-1750*, p. 158.

② Stephen Hipkin, "Tenant Farming and Short-Term Leasing on Romney Marsh, 1587-1705", *The Economic History Review*, New Series, Vol. 53, No. 4 (Nov., 2000), p. 673.

③ William Page, ed., *The Victoria History of the County of Lincolnshire*, Vol. 2, London: Archibald Constable and Company Limited, 1906, p. 222.

④ William Farrer and J. Brownbill, eds., *The Victoria History of the County of Lancashire*, Vol. 3, London: Archibald Constable and Company Limited, 1907, p. 154.

20年租期延长到1453年的40年租期。[①] 诺维奇主教以5—7年的短期租期出租其部分自营地，坎特伯雷大主教在16世纪初出租土地的租期平均为10年，在1510年后延长到15年。1540年以后东盎格利亚的租期是12年、14年或最多21年。16世纪末和17世纪初，北安普顿郡的租期从1—8年到21年不等。1570—1670年多塞特郡自营地的租赁期限一般为21年。[②] 在伯克郡的布莱特沃顿，为期数年的租赁最为常见，一般租期在7—12年之间，以10年期最常见。[③] 1560—1650年间苏塞克斯郡的144份租约表明：该郡21年及以内租期最为常见，共计119份，占比82.63%；超过99年的租约仅有15份，占比10.41%。在伊丽莎白女王和詹姆士一世统治期间，位于肯特郡的103份王室土地租约中，以21年为租期的租赁共84份，约占总数的81.56%。[④]

受益性租赁的租期一般较长，受益性租赁地的流转速度相对较慢。这种租赁形式多是在15世纪末和16世纪初民众对土地需求较低的时期建立的，用以吸引承租者。直到18世纪，受益性租赁主要集中在英国西部、西北部和西南部。[⑤] 例如在德文郡、康沃尔郡、多赛特郡和萨默塞特郡的240份租约中，租期大于等于99

---

① Barbara Harvey, "The Leasing of the Abbot of Westminster's Demesnes in the Later Middle Ages", *The Economic History Review*, New Series, Vol. 22, No. 1 (Apr., 1969), p. 24.

② Bas J. P. van Bavel and Phillipp R. Schofield, eds., *The Development of Leasehold in Northwestern Europe, c.1200-1600*, p. 142.

③ P. D. A. Harvey, *The Peasant Land Market in Medieval England*, pp. 133-134.

④ Mildred Campbell, *The English Yeoman under Elizabeth and the Early Stuarts*, pp. 82-83.

⑤ Bas J. P. van Bavel and Phillipp R. Schofield, eds., *The Development of Leasehold in Northwestern Europe, c.1200-1600*, p. 149.

年的为 188 份，占总数的 78.33%；租期小于等于 21 年的租约仅为 26 份，占总数的 10.83%；其余租约的租期在 21 年到 99 年之间。在格洛斯特郡的 201 份租约中，租期大于等于 99 年的有 108 份，约占总数的 53.73%；租期小于等于 21 年的租约仅有 69 份，约占总数的 34.32%。兰开夏郡罗森代尔地区也是长租期占主要地位。① 在1536 年，身为纽文汉姆修道院管家的托马斯・丹尼斯乡绅以 99 年的租期从该修道院承租了部分土地。1538 年威廉・维斯比为承租兰开夏郡柯克萨德修道院的土地支付了 10 英镑入地费以及 4 英镑习惯地租，租期为 99 年。同年，菲利普・查波农爵士从巴克法斯特修道院承租了一块租期为 60 年的土地。②

在上述各类租赁形式中，土地虽然发生流转，但承租者仅为土地的使用者而非所有者，他们从未真正拥有过土地。即便租期长达 99 年及以上，承租者若不曾明确表示购买承租的土地或没有交纳相当于转让费的地租，租期一旦到期，也要返还土地。所以这些租赁都不能表示持有者对于土地的永久性占有，这些租赁行为并不代表土地买卖。构成实质上土地交易的租赁主要有以下几种方式。

第一，某些特殊的受益性租赁。在双方签订契约之初，承租者需要交纳一笔相当于土地市价的入地费或易主费，之后每年交纳如 1 便士、一束玫瑰或一点胡椒等象征性的固定租金，这种出租实际与出售无异。从承租权限来看，受益性租赁更多的是终身租赁持有，在其终身之内，土地承租者享有对土地较高的权利，

---

① Mildred Campbell, *The English Yeoman under Elizabeth and the Early Stuarts*, p. 83.

② Joan Thirsk, ed. *Agrarian History of England and Wales*, Vol. 4, pp. 328-329.

这一点类似于自由持有者。这种类型的土地保有权益还受到普通法的保护。[①] 例如白金汉郡的农民皮特·洛克勒将分散在敞田的6.75英亩土地出租，获得了7英镑3先令6便士的转让费，承租者每年只需要交纳1便士的地租即可，并且不需要履行任何庄园役务。[②] 理查德爵士在1539年6月从国王手中承租了兰开夏郡惠尔顿庄园以及原属于沃利修道院的部分土地，他支付了180英镑15先令4便士的转让费，仅保留18先令7便士的年租。[③]

第二，先租后买。采取这种方式的人往往是单个大农场主，他们的身份多为富裕农民约曼、乡绅以及庄园以前的管家等。例如，国王解散修道院地产后，约翰·福利特伍德于1539年承租了兰开夏郡一个叫伊夫舍姆的庄园，1543年租期未结束就从国王那里买下了该庄园，这项交易在1564年获得了法律上的认可。[④] 1577年，施伯恩的托马斯·达顿及儿子托马斯和威廉从王室那里承租了格洛斯特郡奥德沃斯堂区的一个庄园，儿子威廉在1611年时购买了该庄园中的自由持有地。[⑤] 罗伯特·菲利普斯在承租两年后买下了租地。在1627年，苏塞克斯郡一个叫亨利·查特菲尔德的

---

① R. C. Allen, *Enclosure and the Yeoman*, p. 70.

② E. A. Kosminsky, *Studies in the Agrarian History of England in the Thirteenth Century*, p. 250.

③ William Farrer and J. Brownbill, eds., *The Victoria History of the County of Lancashire*, Vol. 6, London: Archibald Constable and Company Limited, 1911, p. 48.

④ William Farrer and J. Brownbill, eds., *The Victoria History of the County of Lancashire*, Vol. 6, p. 58.

⑤ N. M. Herbert, ed., *The Victoria History of the County of Gloucester*, Vol. 7, Oxford: Oxford University Press, 1981, p. 7.

约曼从威廉·高迈爵士手中以 21 年为期承租了一块 66 英亩的土地；到 1641 年，即在租期失效的前 7 年，他的儿子和继承人伯纳德·查特菲尔德以 480 英镑的价格购买了这块土地。[①]

第三，出租并放弃。在《用益法》出台之后，议会又颁布《登记法》进一步规范用益授予，通过将用益权转化为普通法地产权来使土地转让公开化、土地产权明确化。[②] 为了规避秘密转让土地的行为，避免普通法占有权的混乱，《登记法》要求这类土地产权转移必须登记在案；但这一立法要求与民众的客观需要相背离。律师莫尔"发明"出一种新的土地转让方式以规避《登记法》，即出租并放弃：基于金钱对价的租约通常为 1 年，由自由持有人出租给买方；在出租土地之后，出租人随即宣布放弃对租地的一切权利。这无疑也是以租赁之名而行买卖之实。在这种土地转让的方式中，可避免契约的登记，出租者（卖方）为了承租者（买方）的用益占有土地，根据《用益法》买方获得了占有权、卖方释放了土地的自由持有地产权和归复地产权，买方获得这些权益，也不需要将土地归还。[③] 这种土地转让的方式相当流行，例如萨里郡的克里斯托弗·莫尔爵士在 1532—1533 年间承租了亨弗瑞·西德尼的一块土地，西德尼之子威廉随即放弃了该地的权利。爱德

① Mildred Campbell, *The English Yeoman under Elizabeth and the Early Stuarts*, pp. 80-81.

② A. Wood Renton, Max. A. Robertson, eds., *Encyclopædia of the Laws of England with Forms and Precedents by the Most Eminent Legal Authorities*, Vol. 8, London: Sweet & Maxwell, 1907, p. 92.

③ William Blackstone, *Commentaries on the Laws of England*, Vol. 2, p. 338.

华爵士在1580年11月2日将贝纳兹庄园抵押给了斯特伯勒的约翰·里德。1587年10月29日，约翰·里德将贝纳兹庄园的权利释放给洛斯利的乔治·莫尔，1588年征收的土地易主费确认了这项转让。[①] 出租并放弃被视为土地占有权转让的替代方式，相当于土地授予。[②] 一直到19世纪40年代议会立法简化了土地转让形式，才允许直接转让地产。[③]

第四，长达千年的租赁。这种类型土地的承租者往往需要交纳与购买费等额的转让费，随后再交纳相对低的，甚至是象征性的租金，或者不保留租金，与事实的土地交易无异。例如，苏塞克斯的约曼约翰·斯卡特承租了爱德华·艾普斯里缙绅一块土地，租期为一万年。1613年，一个诺福克的约曼承租一块租期为5000年的土地。在伍斯特郡金斯伍德庄园也有租期为1000年和2000年的例子。[④] 第三代亨廷顿伯爵在1581年将其位于德文郡的斯托肯汉姆庄园的一部分土地出租，随后以5000英镑的价格出租1000—3000年。1598年，帕丁顿庄园领主以2000年的租期出租

---

① H. E. Malden, ed., *The Victoria History of the County of Surrey*, Vol. 3, London: Constable and Company Limited, 1911, pp. 7, 98.

② William Blackstone, *Commentaries on the Laws of England*, Vol. 2, p. 338.

③ 1841年法案允许地主生前转让自由持有地产，简化了出租并放弃中两份契约存在的形式。在1845年颁布《不动产法修正案》规定，所有有形的继承权应将赠予视为转让，因此可以通过简单的契约转让，而不需要转让占有权，允许不动产被转让就像无形的继承权通过契约进行转让一样。参见 Thomas Edward Scrutton, *Land in Fetters, or, The History and Policy of the Laws Restraining the Alienation and Settlement of Land in England: Being the Yorke Prize Essay of the University of Cambridge for the Year 1885*, Cambridge: Cambridge University Press, 1886, p. 90。

④ Mildred Campbell, *The English Yeoman under Elizabeth and the Early Stuarts*, p. 79.

给他的佃户。施罗普郡海利的佃户在1607年与其领主签订了一份为期2000年的租期。约西亚·兰伯特为了较快获取大笔资金，以相当于自由持有地市价的价格将土地出租3000年和6000年。[①]

小 结

作为曾经的一种土地封授方式，土地租赁保留了封建主义的特征。由于商品货币经济的发展、瘟疫及战争的持续冲击，以服军役为基础的军役保有逐渐被扈从契约超越，以服劳役为基础的庄园制和农奴制逐渐衰落，封建主义发生演变，土地租赁的现代性逐渐显现。随着租赁持有被纳入普通法体系之内，租赁持有地产权由一种动产权逐渐发展为一种准不动产权益。尽管它不是一种完全的产权权益，但这种土地保有的性质得以不断地明确，土地的出租与承租条件有了明确的规定，这是由签订的契约规定的，不再由庄园习惯决定，还可以根据市场情况及时调整并适应变化。土地租赁还意味着产权的分割与让渡，使原本没有土地权利的承租者获得了不同程度的地产权，成为拥有不同权限及时长的地产权人，亦确保了承租者租地权益的安全性。

---

① R. W. Hoyle, "Tenure and the Land Market in Early Modern England: Or a Late Contribution to the Brenner Debate", p. 15; Joan Thirsk, ed. *Agrarian History of England and Wales*, Vol. 4, p. 686.

领主出租自营地原本是为了维系庄园经济，减少土地荒芜造成损失的权宜之计，却客观上加速了封建人身依附关系的松散，提供了庄园制衰落的契机。根据庄园习俗议定的习惯地租对农民有保护之意，并不利于领主提高收入。新租地可根据市场价值动态调整地租，促使领主以商业性地租而非习惯地租出租土地，使租约具有近代契约之意，吸引了不同社会阶层之人参与到土地租赁之中，租赁地也不局限于自营地。频繁的土地承租、转租活动加速了土地流转，租赁持有地的流转速度呈现出较明显的区域特征，常见于英国东部、东南部的商业性租赁地的流转速度相对较快，常见于英国西部、西北部和西南部的受益性租赁地的流转速度相对较慢。民众可以通过特殊的受益性租赁、先租后买、出租并放弃、长达千年的租赁等方式以租赁之名行买卖土地之实，突破了中世纪地方习俗和普通法产权的束缚，加速了土地的流动，实现了地权的更替，改变了地方的土地占有结构。

土地作为英国传统社会之根本，土地流转及产权更替对英国社会的发展造成不可忽视的影响。租赁持有地的流转丰富了近代早期英国土地转让的形式，扩充了土地市场的规模。土地租赁使习惯佃农摆脱了受奴役的法律身份，为普通民众积累财富和跨越阶层提供了机会。土地租赁使农业经营超越了持地规模及土地产权的限制，诱使劳动力和土地资源优化配置，加速了英国农业生产组织形式的变革。在一些积极推进农业改良的郡，富裕农民约曼或一些占有小地产的人倾向于出售土地，而承租大块土地进行农业改良。[1]土地越来越集中在少数人手中。随着大地产成为普遍的土地组织形式，租佃农场也成为近代英国最流行的农业经营方式，英国农业社会也形成了具有特色的分层式结构。

① Thomas Stone, *Suggestions for Rendering the Inclosure of Common Fields and Waste Lands: A Source of Population and Riches*, London: Printed by J. Nichols, 1787, pp. 42-43.

第五章　宗教改革时期的土地流转

自中世纪以来，修道院占据了英格兰大量的土地。[①]在宗教改革中，遍布英国的修道院遭到解散，修道院地产被投入市场重新分配，这是“自1066年诺曼征服以来英国历史上规模最大的地产转移”[②]。随着大量修道院土地进入市场，土地市场才真正繁荣起来。[③]修道院土地的流转推动英国土地占有权发生变化，土地占有权的变化导致经济结构发生变化，经济结构的演变又会对政治制度和社会关系产生影响。以乡绅和富裕农民约曼为代表的乡村

---

① 自诺曼征服后，国王在法理上成为英格兰全部土地的所有者。为了赢得教会贵族的支持，国王将约占英格兰面积1/4的土地封赐给教会。此后，教会通过接受世俗人士的捐赠和垦殖运动等方式进一步扩大地产，学者们大多都认为中世纪英格兰教会约占全部土地的1/4到1/3。修道院作为教会的重要组成部分，所占土地比例并不低，格林甚至认为修道院占英格兰土地的1/5。参见 Alexander Savine, *English Monasteries on the Eve of the Dissolution*, p. 80; E. A. Kosminsky, *Studies in the Agrarian History of England in the Thirteenth Century*, pp. 108-109; G. E. Mingay, *The Gentry: The Rise and Fall of a Ruling Class*, p. 44; R. N. Swanson, *Church and Society in Late Medieval England*, Oxford: Blackwell, 1993, p. 196。

② W. G. Hoskins, *The Age of Plunder: The England of Henry VIII, 1500-1547*, New York: Longman, 1976, p. 121.

③ S. J. Payling, “Social Mobility, Demographic Change, and Landed Society in Late Medieval England”, *The Economic History Review*, New Series, Vol. 45, No. 1 (Feb., 1992), p. 53.

中间阶层[①]，通过购买或承租的方式，占有了大量原属于修道院的土地。他们重视土地产权，锐意经营土地，不仅增加了经济收入，而且提高了社会地位。乡村中间阶层的兴起和发展是近代早期英国社会变迁的重要组成部分，这与修道院土地流转密不可分。

第一节　解散修道院与修道院土地的流转

近代早期，欧洲爆发了宗教改革运动，它是欧洲从中世纪向近代转型时期的一次重要变革，16 世纪的英国宗教改革[②]是其重要组成部分。宗教改革之前，都铎王朝国王亨利八世之妻凯瑟琳已过适孕年龄却未生出男嗣，因此国王要离婚再娶，以获得合法的继承人。由于受到教皇的阻挠及议会中高级教士的反对，亨利八世的离婚案受阻，他在多方努力无效的情况下进行宗教改革。1529—1536 年，国王召开了宗教改革会议并制定了一系列相关法令。[③]其中较为重要的是 1534 年颁布的《至尊法案》(the Act of Supremacy)，它确认了国王在国教会中至尊的地位及对教会所拥

① 本章探讨的这个阶层，由于其本身概念的演变及翻译的缘故，有多种称谓，如中间阶层、中等阶级、中等阶层等，但在许多方面与现代的“中产阶级”的概念有较大差异。本章所指的中间阶层是英国从等级社会向阶级社会过渡中，在乡村形成了一个以乡绅和约曼为代表的土地阶层，与贵族及一般农民相比具有较鲜明的不同特征。

② 相关问题的研究综述，参见刘城：《20 世纪英国宗教改革史学》，《世界历史》2003 年第 1 期。

③ C. H. Williams, ed., *English Historical Documents, 1485-1558*, Vol. 5, London & New York: Routledge, 1996, pp. 727-760.

有的广泛权利。1535 年，国王下令对教会所有财产进行全面的调查，编制出《教产大清查》(Valor Ecclesiasticus)[①]。这不仅是国王要掌握教会财产的状况，也是将其作为向教会征税的依据。[②] 此后，亨利八世大规模地解散修道院，并于 1536 年 3 月建立增收法庭处理没收的教会财产。

解散修道院的行动早在 1524 年就开始了，在教皇的授权下，沃尔西解散了 21 所修道院[③]；1528 年 11 月，关闭了一批人数不足 12 名修士或修女的小修道院，并将这些小修道院整合为大修道院或将修士们分散到其他大修道院中去。1529 年 5 月，在教皇的许可及国王的支持下，沃尔西将部分修道院院长转为主教并创建新教区，关闭价值 6000 杜克特(ducats)的修道院，将其财产并入位于温莎和剑桥的王室大学，重新整合人数不足 12 人的修道院。[④] 改革之初所关闭的这些小修道院，主要是出于改革教区的目的，并非掠夺财富。

大规模地解散修道院是分两个阶段进行的。其一，国王在 1536 年颁布法令[⑤]，将 376 个年收入不足 200 英镑的小修道院解

---

① W. G. Hoskins, *The Age of Plunder: The England of Henry VIII, 1500-1547*, p. 123.

② 在 1534 年召开的第七次宗教改革议会上，制定了《首年金与什一税法令》(*Act of First Fruits and Tenths*)，向教士征收任职第一年所得的圣俸和之后每年圣俸收入的 1/10，削弱了教皇征税的权利，减少了英国财富的外流。《教产大清查》也是首年金和什一税征收的依据。参见 R. W. Hoyle, "The Origins of the Dissolution of the Monasteries", p. 294。

③ Robert C. Palmer, *Selling the Church: The English Parish in Law, Commerce, and Religion, 1350-1550*, Chapel Hill: The University of North Carolina Press, 2002, p. 217.

④ R. W. Hoyle, "The Origins of the Dissolution of the Monasteries", p. 282.

⑤ Joyce Youings, *The Dissolution of the Monasteries*, pp. 155-159.

散，土地落入国王之手，国王每年约增收 3 万英镑[①]。而这些修道院的修士和修女可以选择还俗或转去其他的修道院。[②]其二，国王在 1538 年至 1540 年将 186 个大修道院解散，得到了 10 万英镑的收益。最后一个被解散的修道院是埃塞克斯郡的沃尔瑟姆修道院（1540 年 3 月 23 日）。这两次行动有许多不同之处。就方式而言，前一阶段主要是通过议会颁布正式法令解散修道院；而后一阶段则没有通过议会的许可。[③]就目标而言，前一阶段所关闭的小修道院多为经营不善，且“没有很好地为上帝服务”[④]；后一阶段扩大了解散的范围，与修道院经济状况并无太大关系，就结果来看，修道院的确被“掠夺”了。

此后亨利八世与爱德华六世共关闭了 90 所神学院、110 所宗教医院和 2374 座祷告堂。[⑤]爱德华六世继续出售修道院土地，截止到 1554 年共卖得约 126 万英镑[⑥]，仅在 1539 年至 1547 年出售土地获利就达 75 万英镑。伊丽莎白女王不仅出售修道院地产，还将部分王室地产出售，共获得 81.7 万英镑。在她统治之初，王室拥有全国 9% 的庄园，然而到了 1640 年王室仅持有 2% 的庄园。[⑦]在

① O'dell Travers Hill, *English Monasticism: Its Rise and Influence*, p. 496.

② R. W. Hoyle, "The Origins of the Dissolution of the Monasteries", p. 283.

③ James Gairdner, ed., *Letters and Papers, Foreign and Domestic of the Reign of Henry VIII*, Vol. 11, London: Eyre & Spottiswoode Ltd., 1888, pp. 302-303.

④ R. W. Hoyle, "The Origins of the Dissolution of the Monasteries", p. 280.

⑤ W. G. Hoskins, *The Age of Plunder: The England of Henry VIII, 1500-1547*, p. 134.

⑥ C. G. A. Clay, *Economic Expansion and Social Change: England 1500-1700*, p. 145.

⑦ R. H. Tawney, "The Rise of the Gentry, 1558-1640", *The Economic History Review*, Vol. 11, No. 1 (1941), pp. 25, 35.

1536 年到 1636 年的一百年间，国王将世袭的和新近从教会夺取的土地投向市场，以 1630 年的物价为标准，共卖得 650 万英镑[①]。

值得注意的是，这些前修道院土地以不低于市价[②]来出售。自 1539 年 12 月开始，由增收法庭法官理查德·里奇和托马斯·克伦威尔负责，按照相当于土地年净收益 20 倍的价格，出售总价值为 6000 英镑的地产。[③]由于土地升值，修道院土地的价格也有所调整，到 16 世纪 40 年代，土地售价由 20 倍的土地年收益上升为 25 倍的土地年收益，以后又升至 30 倍的土地年收益；到 16 世纪 90 年代，修道院土地的售价上升到土地收益的40 倍。[④]有的政府职员甚至不遗余力地鼓动民众购买这些前修道院的土地。例如，一个增收法庭的调查员约翰·彼鲁在约克郡向公众宣传购买修道院土地的好处，并宣称“如果有人想购买土地，那么他将会予以帮助”[⑤]。

---

① Lawrence Stone, *Causes of the English Revolution 1529-1642*, London & New York: Routledge, 2002, p. 73.

② 亨利·菲利普斯在其 1654 年出版的《购买者的类型》中指出，当时英国土地价格大致为 20 倍的年收益（twenty year’s purchase）。当代学者哈巴库克也认为，英国土地价格自 16 世纪到 18 世纪初期都稳定在 20 倍的年收益。克雷和艾伦虽然对于哈巴库克的结论有些质疑，但是在某些方面达成一致，即 1650 年前，英国的土地价格大致是 20 倍的年收益。参见 H. Phillippes, *The Purchaser's Pattern, the True Value of Land or Houses*, reprint, London: Edward Simon, 1719, pp. 4, 6; H. J. Habakkuk, “The Long-Term Rate of Interest and the Price of Land in the Seventeenth Century”, pp. 32, 44, 45; Christopher Clay, “The Price of Freehold Land in the Later Seventeenth and Eighteenth Centuries”, p. 174; Robert C. Allen, “The Price of Freehold Land and the Interest Rate in the Seventeenth and Eighteenth Centuries”, p. 34; G. N. Clark, *The Wealth of England from 1496 to 1760*, Oxford: Oxford University Press, 1946, p. 65。

③ Joyce Youings, *The Dissolution of the Monasteries*, pp. 120-121.

④ H. J. Habakkuk, “The Market for Monastic Property, 1539-1603”, p. 374.

⑤ R. W. Hoyle, *The Estates of the English Crown, 1558-1640*, Cambridge: Cambridge University Press, 2002, p. 114.

以亨利八世在位期间的修道院土地流转为例（仅为初次出售，不包括转卖），就购买土地的人员构成来看，有贵族、侍臣、王室职员、增收法庭职员、新法庭职员、国王的臣仆、律师、医生、教士、约曼、工商业者和乡绅等。就国王拍卖土地的方式来看，有馈赠[①]、附带出售及交换条件的馈赠、出售、交换、附带交换条件的出售等几种土地让渡方式，此外还有按契约转让土地的方式。就拍卖土地的收益而言，按馈赠、出售、交换等方式所得为779,200英镑，按契约转让土地的方式所得的土地年收入为9万英镑。其中乡绅所支付的货币（359,630英镑）约占总额的一半，其次为增收法庭官员、侍臣、贵族等。以按契约转让土地来看，乡绅无论是数量还是总价都是最高的（分别为693件和23,500英镑），其次为贵族、侍臣、工商业者和增收法庭官员等。[②]由此可见，在初次拍卖地产中，以乡绅为代表的乡村中间阶层是购置修道院地产的主体，更不用说在转卖过程中，乡绅及约曼不断地获取被转手的土地。

因国王馈赠而获得土地的一般是王庭重臣或权势显贵。例如，诺福克公爵就因镇压“求恩巡礼”有功而获得年收益720英镑的前修道院土地[③]；国王的秘书萨德勒爵士被称为是当时英国最富有的下院议员，他仅在伦敦就拥有四处房产，其中一处就是国王

---

① 值得注意的是，即便是“馈赠”的方式，也仅免去购地费，接手土地的人还要支付其他形式的税，并非免费的。

② H. A. L. Fisher, *The History of England, from the Accession of Henry VII to the Death of Henry VIII*, London: Longmans, Green & Co., 1910, p. 497.

③ G. E. Mingay, *The Gentry: The Rise and Fall of a Ruling Class*, p. 46.

在1542年3月20日赠给他的[①]。同为增收法庭官员、律师的理查德·里奇和托马斯·蒲伯也得到很大的好处。里奇共持有59个庄园，其中32个庄园曾属于修道院，这些地产大部分是购买所得，还有一部分是受赠的，他总共花了约1万英镑，成为埃塞克斯郡的第二大领主。蒲伯在增收法庭任职，他通过购买和王室馈赠而获得了大量修道院地产，成为英国最富裕的平民之一。[②]

除了明码标价出售前修道院土地，国王还以土地出租的方式获取收益。值得注意的是，早在中世纪后期，修道院大量的土地已被出租，因为这样要比使用传统耕作方法经营更为有利。宗教改革后，国王接收了修道院的地产，发现大量土地已被出租，如何处理已经存在的租佃关系是非常重要的。[③]对于承租者而言，他们的实际占有权较为坚实，原有的租约是合法有效的，不能任意更改，土地不得随意被侵占。国王享有的仅是"归复地产"（reversion）[④]权益。国王有三种方式可以实现地产利益：一是等待租期结束后再占有土地；二是买断租期，提前占有土地；三是将这份归复地产权益转售或转租给第三方，第三方同样不能任意驱逐原来的佃户，法律上亦有"侵占承租地令状"保护租赁权益。对于耕作者而言，原有的租佃关系仍然有效，所不同的是领主由

---

① James Gairdner and R. H. Brodie, eds., *Letters and Papers, Foreign and Domestic, of the Reign of Henry VIII*, Vol. 17, London: Printed by Norfolk Chronicle Co., 1900, p. 101.

② W. G. Hoskins, *The Age of Plunder: The England of Henry VIII, 1500-1547*, p. 133.

③ A. W. B. Simpson, *A History of the Land Law*, p. 255.

④ 这是一种"未来性地产"（estate in expectancy）权益，持地人终止持有地产后国王才能实际占有土地。

修道院变成了国王或他人，他们原有的租佃关系是受到保护的，在契约规定的时间内，他们的土地权利也是相当坚实的。

承租修道院土地的案例并不少见。米歇尔·斯坦耐普担任国王的侍臣，国王以年租金 38 英镑 13 先令的价格将一块原属于诺丁汉郡莱顿修道院的土地租给了他，租期为 41 年。[①] 理查德爵士在 1539 年 6 月从国王手中承租了兰开夏郡威尔顿庄园以及原属于沃利修道院的部分地产，他共支付了 180 英镑 15 先令 4 便士的转让费，保留了 18 先令 7 便士的年租。[②]1568 年，伊丽莎白女王将海顿修道院的地产以年租金 21 英镑 3 先令 11 便士的价格出租给劳伦斯·梅特，租期是 31 年；租期结束后，她以 955 英镑 19 先令 2 便士的价格卖给了爱德华·卡森和理查德·贝瑞尔。[③]1539 年 8 月 12 日，林肯郡的托马斯·伯顿以年租金 33 先令 4 便士的价格承租了多佛主教区的一块土地。[④]1536 年，曾担任纽文翰修道院管家的德文郡乡绅托马斯·丹尼斯从国王那儿承租了纽文翰修道院的部分土地，租期为 99 年。[⑤]

自 16 世纪 40 年代开始，修道院土地就被抛向市场，仅 1542—1547 年就有约 2/3 的修道院土地被国王以各种方式让渡出

---

① James Gairdner and R. H. Brodie, eds., *Letters and Papers, Foreign and Domestic, of the Reign of Henry VIII*, Vol. 17, pp. 104-105.

② William Farrer and J. Brownbill, eds., *The Victoria History of the County of Lancashire*, Vol. 6, p. 48.

③ William Farrer and J. Brownbill, eds., *The Victoria History of the County of Lancashire*, Vol. 3, p. 154.

④ William Farrer and J. Brownbill, eds., *The Victoria History of the County of Lincolnshire*, Vol. 2, p. 222.

⑤ Joan Thirsk, ed., *Agrarian History of England and Wales*, Vol. 4, p. 328.

去，其中出售的土地约占 7/8。让渡土地一直持续到伊丽莎白一世继位，约有 3/4 的教会地产被出售，剩余土地的买卖一直持续到 1640 年。[①] 修道院土地的流转充实了土地交易市场，加速了土地占有权的更替，以乡绅和约曼为代表的中间阶层获益极大，即土地财富的再分配引发了英国乡村社会结构的变迁。

第二节　乡村中间阶层与土地流转

近代早期，英国修道院土地的流转使得国内土地占有情况发生很大变化。[②] 土地资源的初次分配（社会各阶层从国王处购买土地）体现了在农本经济中社会各阶层对土地资源的渴求，即土地在农业社会中的天然吸引力。土地再分配的过程（土地的转卖，特别是主要流向乡村中间阶层），则体现了市场配置资源及人们处理土地的心态、观念和方式。在占有、使用土地的过程中，乡村中间阶层的土地产权更为坚实，他们采用新的经营方式，不仅追逐利润，也维护自身的土地权利，这亦决定了他们与贵族和一般农民在土地生产效率上的差异。

---

① G. E. Mingay, *The Gentry: The Rise and Fall of a Ruling Class*, p. 45; D. G. Coleman, *The Economy of England 1450-1750*, Oxford: Oxford University Press, 1986, p. 43.

② 就耕地面积来看，教会和王室所占面积由 25%—35%（15 世纪中期）下降到 5%—10%（17 世纪后期），而乡绅所占面积则提高了 20%—25%、约曼所占面积提高了 5%—13%。参见 C. G. A. Clay, *Economic Expansion and Social Change: England 1500-1700*, p. 143; G. E. Mingay, *The Gentry: The Rise and Fall of a Ruling Class*, p. 49。

土地是贵族财富、权力及荣耀的生存之本。在贵族的观念里，土地可以维持家族荣耀、政治声望和经济实力。他们积极地参与到修道院地产的买卖中以获取高额利润，由于自己不屑于也不善于经营土地，通常是提高地价后转售或出租，而非像乡村中间阶层那样自己经营土地获得农业利润，更不会像佃农那样躬身自耕。

贵族是接手修道院土地较多的一个阶层。以亨利八世时期出售修道院地产为例，贵族以货币支付（初次购买）的土地花销为53.5万英镑；以契约承接土地的数量为124件，土地年收益为1.6万英镑。[①] 具体来看，在德文郡，罗素家族买下了该郡修道院土地中最大的一块，这块地产约占该郡修道院土地的12%，1535年其价值超过800英镑。到1558年，该郡约27%的前修道院土地由7个大土地所有者占有，除了贝德福德伯爵外，还有温莎的主教和教士。在莱斯特郡，拉特兰伯爵得到了年收益为300英镑的土地。到1558年，莱斯特郡约有30%的前修道院地产落入贵族之手。在汉普郡，1558年南安普顿伯爵莱奥塞斯里购买了该郡约20%的前修道院土地，其中一半是用现金支付的；桑迪斯和波利特得到了另外18%的前修道院土地，所以该郡近40%的修道院土地由这三人掌握。[②]

一些前修道院赞助人希望通过承租修道院的方式来挽救修道院被解散的命运，最好还能够从中获利。在1536年，德比郡伯爵

---

① H. A. L. Fisher, *The History of England, from the Accession of Henry VII to the Death of Henry VIII*, p. 497.

② Joan Thirsk, ed., *Agrarian History of England and Wales*, Vol. 4, p. 353.

爱德华·斯坦利写信给王室财政官菲茨威廉，希望能够保存兰开夏郡的博斯克夫小修道院，因为这是他的祖先一手所建的，也是祖先被埋葬的地方。之后他多次致信菲茨威廉，希望以更为优惠的价格而不是以教产调查委员会所定的价格来购买修道院的一些动产。1537 年 5 月，斯坦利再次致信菲茨威廉，表达了他想承租该修道院的想法。[①] 西蒙·哈考特爵士于 1536 年 4 月 2 日致信克伦威尔，宣称位于斯塔福德郡的罗顿修道院是由其祖先建立并捐赠的，而且已有先人埋葬于此。他希望克伦威尔可以作为他本人和国王之间的调解者以便该修道院可以保存下来，作为回报，他会支付一些金钱。如果国王执意要解散该修道院，那么他想购买该修道院及相邻的一些土地，以固定货币地租的形式支付，还会额外给克伦威尔 100 马克以作报答。[②]

修道院土地没有在贵族手里停留很久，大部分贵族再次将土地转卖或出租，主要是为了获得交易差额，或者成为坐食年金者。乡村中间阶层是贵族出售土地的主要接收者。1539 年 12 月 6 日，国王没收了约克郡塞尔比修道院及其自营地和塞尔比周边城镇的部分土地。1540 年 8 月，国王又将这些土地赠予哈克尼的拉尔夫·萨德勒爵士。[③]4 个月后，萨德勒爵士将这些土地转卖给莱纳

---

① Karen Stöber, *Late Medieval Monasteries and Their Patrons: England and Wales, c.1300-1540*, p. 199.

② James Gairdner, ed., *Letters and Papers, Foreign and Domestic, of the Reign of Henry VIII*, Vol. 10, London: Printed by Eyre & Spottiswoode, 1887, p. 248.

③ James Gairdner and R. H. Brodie, eds., *Letters and Papers, Foreign and Domestic, of the Reign of Henry VIII*, Vol. 15, London: Printed by Eyre & Spottiswoode, 1896, p. 509.

德·贝克威思。萨德勒爵士最初以 736 英镑的价格购入，最终以 1,040 英镑的价格转卖[①]，收益颇丰。同样，惠特比修道院的土地被国王卖给了诺森伯兰公爵，之后公爵又转售给了约翰·约克爵士。[②] 1577 年，贝德福德伯爵将自己在德文郡的庄园卖了 700 英镑，远高于他在 1539 年购买该地时的价格。沃里克伯爵在 1549 年以年收益 30 英镑的价格[③]买下埃克塞特郡附近的一个庄园，几经易手，这块地产竟被卖到 1,048 英镑。[④] 这样的例子不胜枚举。

近代早期，英国乡绅的界定标准为拥有年收入 10 英镑以上的自由地产或 300 英镑以上动产的具有诚实信誉的人。[⑤] 具体来说，乡绅阶层可以分为两类：一类是包括骑士（Knights）和缙绅（Esquires）的大乡绅，一类是包括乡绅的幼子、商人、律师和当地官员的小乡绅。[⑥] 乡绅在政治、经济等领域都获得了巨大的发展。对于乡绅来说，经营土地不仅可以带来丰厚的经济回报，而且土地还是获得下院席位和政府职位的必备条件之一，也是晋升贵族阶层之梯。因此，乡绅阶层积极投身于修道院地产的买卖中，他们是修道院地产最大的购买者和承租者。在德文郡，超过半数的前修道院土地落入本地乡绅之手，不足 10% 的土地流向了外来乡

---

① G. W. O. Woodward, "A Speculation in Monastic Lands", pp. 779-780.

② R. H. Tawney, *The Agrarian Problem in the Sixteenth Century*, p. 381.

③ 按当时土地市价 20 倍的年收益（twenty year's purchase）来计算的话，沃里克伯爵在 1549 年要支付近 600 英镑，倒卖土地后还是获益颇丰。

④ John Thirsk, ed., *Agrarian History of England and Wales*, Vol. 4, p. 351.

⑤ G. N. Clark, *The Wealth of England from 1496 to 1760*, p. 69.

⑥ J. A. Sharpe, *Early Modern England: A Social History 1550-1760*, London: Edward Arnold, 1987, p. 153.

绅。在诺福克郡，1536 年至 1566 年间，约有 270 所修道院和其他宗教地产被国王出售，其中超过 200 件土地让渡到乡绅手中，只有 15 件到了贵族手中，新老乡绅把持了大量的土地；年收益约为 3,000 英镑的土地流向了贵族以下的阶层，其中老乡绅占有年收益为 1,143 英镑的土地，年收益 1,090 英镑的土地流向了新乡绅。在约克郡，当地的乡绅亦是最大的受益者，到 1642 年，超过 1/4 的乡绅家庭拥有修道院的土地。大乡绅理查德 · 格兰汉姆竟拥有约 464 所宅院、份地和茅舍，仅在 1540 年 10 月就花费 11,137 英镑购买了三所修道院。① 就单独占有的土地规模而言，大多数乡绅介于大地主和约曼之间，也有少数无地的乡绅。② 就乡绅总体的占有土地数量而言，1436 年，中下层乡绅已经占有英格兰土地的 25%，到 1688 年则占 45%—50%。③ 至少从占有土地财富上看，这是乡绅崛起的时代，以至于朱利安 · 康沃尔认为，在都铎王朝时期，“乡绅的标志就是土地所有权”④。

乡绅的确在国王出售修道院地产中获利不少，但与贵族短期获大利不同，他们主要是自己经营农牧业，并不急于出售土地，

---

① Felicity Heal and Clive Holmes, *The Gentry in England and Wales, 1500-1700*, Stanford: Stanford University Press, 1994, p. 326; W. G. Hoskins, *The Age of Plunder: The England of Henry VIII, 1500-1547*, pp. 136-138; John Duncan Mackie, *The Earlier Tudors, 1485-1558*, Oxford: The Clarendon Press, 1952, p. 400; H. A. L. Fisher, *The History of England, from the Accession of Henry VII to the Death of Henry VIII*, p. 498.

② Julian Cornwall, “The Early Tudor Gentry”, *The Economic History Review*, New Series, Vol. 17, No. 3 (1965), p. 470.

③ C. G. A. Clay, *Economic Expansion and Social Change: England 1500-1700*, p. 143.

④ Julian Cornwall, “The Early Tudor Gentry”, p. 470.

因为大多数乡绅并非以土地投机为生。[①]实际上，乡绅所获得的土地要多得多，因为经过一系列复杂的买卖和交换后，贵族所持有的土地大多落到乡绅或上层农民手里。例如，在北安普顿郡，贵族在解散修道院中所获得的土地在17世纪初又返回国王手中，之后大部分都落入科克汉姆、哈顿、斯宾塞、安德鲁和斯坦霍普等新兴家族手中。国王的重臣萨德勒所获得的大量修道院土地亦有许多转手给阿克顿、布里奇等家族，还有少数流向一些不知名的家族；彭布罗克伯爵所获得的土地后来也落到丹尼斯和康布顿家族手中。在沃里克郡，许多家族在土地转卖中也获益不少，诸如迪勒克斯、斯罗克莫顿和斯宾塞家族等。[②]大部分乡绅将购买的土地经营农牧业，他们和约曼一起成为现代农业的推动者。[③]

在都铎王朝统治初期，斯宾塞家族经营些许土地，算不上富裕。到了约翰·斯宾塞时期，该家族开始发迹。由于善于经营农牧业，自1506年开始，便有足够的资金购买大量羊只来经营牧场，大部分牲畜是自己管理，利润丰厚。约翰·斯宾塞在1519年受封为骑士，他的后人继续购置土地和牲畜以扩大经营规模，他们虽然没有直接参与解散修道院，但后来的确从贵族手中购得一批前修道院土地。1570—1620年间，该家族拥有1.4万头牲畜，并直接参与了伦敦市场上的交易。17世纪早期，该家族的年收益约为

① G. E. Mingay, *The Gentry: The Rise and Fall of a Ruling Class*, pp. 46-47.

② R. H. Tawney, "The Rise of the Gentry, 1558-1640", p. 28.

③ P. Kriedte, *Industrialization before Industrialization, Rural Industry in the Genesis of Capitalism*, Cambridge: Cambridge University Press, 1981, p. 56.

6,500—8,000英镑，其中有4,000英镑的收益来自牧业，剩余的收益来自土地。[①] 其后代罗伯特·斯宾塞竟跻身于贵族行列，成为沃尔姆莱顿地区的第一个男爵。[②] 该家族的崛起正是得益于数代人持续高效的农牧业经营。

约曼泛指富裕农民[③]，形成于14世纪下半叶，是一个仅次于乡绅的迅速壮大的阶层，也是一个与乡绅越来越难以区分的阶层。作为农民阶层的上层，约曼的生活水平差不多可以赶得上乡绅，他们的观念也没有很大的区别，买卖、转租、承租土地并且以农场的方式经营土地以获得利润早已成为共识。在16世纪和17世纪早期的土地市场上，约曼主要购得三种土地，分别是前修道院土地、王室土地和圈地而得的土地。[④] 虽然大部分约曼不是直接购买修道院地产的人，但由于种种原因，大土地所有者很快将土地投入市场，在16世纪下半叶，这些土地还是很多被约曼购入或承租。

在这个被坎贝尔喻为“土地饥渴”的时代，大手笔购置土地的例子也不少见。许多修道院土地的承租者为富裕农民，修道院土地也落入他们之手。[⑤] 例如，伍斯特郡的约曼威廉·潘瑞斯占

---

① John Thirsk, ed., *Agrarian History of England and Wales*, Vol. 4, pp. 290-291.

② C. H. Williams, ed., *English Historical Documents, 1485-1558*, Vol. 5, p. 264.

③ 16世纪时，按照农民保有土地的条件将其划分为三种类型，即自由持有农、公簿持有农、租赁持有农。按照农民的收入状况可以分为两类：一类是约曼，另一类是农夫。在这里，约曼和农夫是经济上的概念，是拥有不同财富状况的农民，约曼指任何富裕的农民，而不论他是自由持有农、租赁持有农还是公簿持有农；而拥有几英亩土地、一些家畜和牧场权利的农业雇工或以工资为生的无地者都可称为农夫。见 J. A. Sharpe, *Early Modern England: A Social History 1550-1760*, pp. 198-199。

④ Mildred Campbell, *The English Yeoman under Elizabeth and the Early Stuarts*, p. 70.

⑤ Alexander Savine, *English Monasteries on the Eve of the Dissolution*, pp. 153-154.

有了原属于伯德斯利修道院的土地；1566 年德文郡的约曼伯纳德·莱克斯顿用 400 英镑购置了原属于哈特兰德修道院的庄园，另一个德文郡的约曼购置了前普林普顿修道院的一块土地。苏塞克斯郡的一些约曼占有了部分原属于巴特尔修道院的土地。约克郡的许多约曼也从占有修道院的土地中获利。[①] 约翰·福利特伍德在 1539 年承租了兰开夏郡一个叫伊夫舍姆的庄园，1543 年租期未结束时就从国王那里买下了该庄园，这项交易在 1564 年获得了法律上的认可。[②] 总的来说，约曼与一般农民还是有差距的，从人口数量来看，约曼少于一般农民，而收入又远比一般农民多。以 1608 年格洛斯特郡的一份清单为例，该郡共有 927 个约曼和 3,774 个农民，农民远多于约曼。以 1580—1700 年的一份 14 个郡的遗产清册为例，1,071 个约曼平均遗产为 206 英镑，470 个佃户的平均遗产为 76 英镑。据 1637—1684 年埃塞克斯郡的 13 份财产清册记载，约曼所持动产平均价值为 210 英镑，而农民仅为 44 英镑。[③] 可见收入差距之大。

约曼自己经营土地，他们对土地的实际占有权越来越强，他们大多以市场为导向，采用新的生产方式，追求土地经营利润。从经营方式来看，约曼较多地采用农场的方式，特别是在一些租地农场上，许多前修道院地产是以受益性租赁而不是商业性租赁

---

① Mildred Campbell, *The English Yeoman under Elizabeth and the Early Stuarts*, p. 71.

② William Farrer and J. Brownbill, eds., *The Victoria History of the County of Lancashire*, Vol. 6, p. 58.

③ J. A. Sharpe, *Early Modern England: A Social History 1550-1760*, pp. 201-202.

出租给约曼的[①]，不仅租期长（21 年以上）、租金低（多为固定地租），而且受法律、契约及习惯等多重保护，土地权利相当安全。从经营规模来看，就耕地而言，约曼一般经营 25—200 英亩的农场，也有少数约曼经营数百英亩的农场，而 25 英亩的土地足够约曼自给，还能有余力给邻人提供贷款；就牧地而言，约曼可以经营数百英亩的牧地，规模太小的牧场是不足以维持生计的。[②]

由于对新的土地权利关系不满而发生的暴动不胜枚举，这与佃农原有的土地权利未得到承认和保护有关，也跟人们所处阶层、地域有关。英国北部“求恩巡礼”、1549 年东南部的凯特起义和同年西南部的暴动都是出于因土地所有权变动带来的变化而引发的不满。自中世纪时，修道院就是英国乡村社会经济生活的重要组成部分，在经济上对平民有许多帮助；当国王下令解散修道院，剥夺修道院地产后，这对贫民打击最大，不仅原有的资助一去不返了，而且部分地区原有的租佃权利与义务也发生变化，相关地区的居民普遍感到了生活困难。他们起义所提出的要求不是推翻国王的统治，而是恢复原有租佃的惯例。以兰开夏郡为例，当地民风较为保守，在解散修道院之前，该郡并未有较大的农业经济上的动荡，圈地也是以谈判协商的方式进行的，佃户交纳的习惯地租百年也未变过。解散修道院后，租佃关系出现了变化，他们担心这种变化会给当地造成威胁。负责解散弗内斯修道院的罗伯

---

① Bas J. P. van Bavel and Phillipp R. Schofield, eds., *The Development of Leasehold in Northwestern Europe, c.1200-1600*, p. 141.

② John Thirsk, ed., *Agrarian History of England and Wales*, Vol. 4, p. 302.

特·萨斯维尔也承认，短暂的安全感或许能够将民众从对未来的恐慌中拯救出来，他认为如果调查员可以“留一点自营地分配给穷人”，那么起义就不会发生了。①

第三节　土地流转对乡村中间阶层的影响

中世纪西欧是一个等级森严的社会，主要分为从事劳动的农民、从事战争的贵族和从事祈祷的教士阶层。这种划分等级的方式是以法律而非财富因素为依据的。在中世纪向近代过渡的时期，英国原有的社会等级不断受到冲击，社会关系也随之发生演变。近代早期的英国社会依旧是一个农业社会，土地是社会之基、财富之母，土地所有权的变更对社会结构的影响显而易见。土地流转，特别是修道院土地的流转改变了占有土地财富的人员构成。以乡绅和富裕农民约曼为代表的乡村中间阶层在占有土地的基础上维护自身的土地权利，积极经营所持有的土地，与贵族阶层和一般农民阶层相比具有鲜明的不同。乡村中间阶层在土地流转中积蓄了个人力量，在政治、经济和社会诸方面实现了普遍的发展。

首先，由修道院土地流转引发的土地占有权的变化导致政治结构发生演变，统治等级的成分随之改变。在中世纪，只有贵族和高级教士才能参与政府事务，担任政府职务。到都铎王朝时

---

① Christopher Haigh, *The Last Days of the Lancashire Monasteries and the Pilgrimage of Grace*, Manchester: Manchester University Press, 1969, pp. 50-51.

期，世袭贵族和高级教士已经不在政府中起决定性作用，新贵族、乡绅、约曼和商人等有产阶层被吸纳为近代国家权力框架中的成员，成为政体所依赖的社会基础。[①]“都铎王朝的国王不拘出身门第，网罗一些有才干的人作为政府的核心人物”[②]，不仅提高他们的社会地位，而且在经济上给予优待。从宗教改革开始，这些中间阶层就担任了枢密院大臣、法庭法官、地方官员。托马斯·沃尔西、托马斯·克伦威尔、威廉·塞西尔、尼古拉斯·培根和爱德华·科克等官员，都是出身乡村中间阶层。这些乡村中间阶层原本发迹于农牧业经营，在修道院土地流转的过程中，扩大了地产，充实了财富；在土地所有权发生变化的基础上，他们稳固土地产权，进一步经营土地，从而“催生了大量的更具政治意义和虔诚的乡绅阶层”[③]。他们在地方上的政治作用越来越重要，甚至借政治改革进入国家权力核心。

从议会权力消长的角度看，中世纪时一些高级教士就参加议会，修道院院长及主教可以对议会选举事务施加影响，并在地方的行政上发挥着重要作用。[④]亨利七世在位期间，有 48 位高级教士参加议会，其中 21 人是主教和大主教，27 人是修道院长，而世俗人士则仅有 43 人。诚然，教士的数量不能说明所有问题，也不

---

① Penry Williams, *The Tudor Regime*, Oxford: The Clarendon Press, 1979, p. 466.

② 〔英〕阿萨·勃里格斯：《英国社会史》，陈叔平等译，中国人民大学出版社 1991 年版，第 127 页。

③ Lawrence Stone, *Causes of the English Revolution 1529-1642*, p. 73.

④ Robert C. Palmer, *Selling the Church: The English Parish in Law, Commerce, and Religion, 1350-1550*, p. 209.

能说明他们有决定性的政治力量；但是，自解散修道院后，大多数教士不再参加议会，到1540年，教士在议会的力量就一去不返了。[①]与此同时崛起的是乡村中间阶层。以乡绅为例，乡绅阶层占有了全国近一半的地产，随着经济力量的增强，他们在政治生活中也扮演极其重要的角色。这些受过良好教育的乡绅逐渐分享了贵族的政治权利，在议会下院占据了绝大多数的议席。地方上的行政事务也多由乡绅把持，他们以出任地方治安法官等方式控制地方事务。“这不仅表明政府对于一个人物和实力都在日渐壮大的新型社会集团的让步，而且表现出力求以低廉的代价来有效地维持社会秩序的努力。”[②]

其次，流转的修道院土地充实了土地交易市场，以乡绅和约曼为代表的乡村中间阶层借此积蓄了财富，经济实力的增强促进了社会阶层的流动，特别是向上层流动。许多中间阶层借此不断上升获得较高的职位，或者通过个人的才干成为国王重臣，如担任大法官、市镇长官、出席议会参与政策的制定，有的甚至通过购买爵位晋升为贵族。乡村的富裕农民约曼在经济获益的同时，还通过法律的抗争维护自身的权利。许多约曼的儿子通过上大学，进入法学院而有机会上升到乡绅，成为专业人士，有机会担任政府的官员、教区的职员，从而实现了社会阶层之间的流动。总的来说，近代早期英国修道院土地的流转间接促进了约曼阶层的成

---

① Robert C. Palmer, *Selling the Church: The English Parish in Law, Commerce, and Religion, 1350-1550*, p. 227.

② 〔英〕阿萨·勃里格斯：《英国社会史》，第127页。

长。[①] 这个中间阶层不仅人数在扩大、财富在增长，而且政治、经济、社会影响力稳步上升，这改变了国家统治阶层的基本面貌，逐渐形成了一个相对稳定的利益阶层。

具有代表性的人物里奇爵士是亨利八世时期增收法庭的法官、爱德华六世时期的大法官。他出生于汉普郡一个小村庄的富裕家庭，在剑桥接受教育后成为一名律师。1536 年，他担任增收法庭的大法官处理修道院地产。在此期间，他通过国王赠予或低价购置地产的方式获得了多处修道院地产，成为埃塞克斯郡的第二大领主。[②] 由于他的才干和财富，晋升为贵族。威廉·塞西尔，他的祖父大卫·塞西尔出身低微，曾经营一个小旅店，后因从军才从约曼晋升为绅士；他的父亲从修道院地产中获益颇丰，占有了大量地产，积累了财富。[③] 凭借良好的家境，威廉·塞西尔得以进入大学深造，为他施展才华和家族的兴起奠定了基础。凭借良好的法学背景和卓越的才能，他受到伊丽莎白女王的赏识和倚重，担任许多重要职务，也由乡绅晋升为贵族。掌玺大臣尼古拉斯·培根出身于萨福克郡的一个约曼家庭，通过从事法律行业和担任政府职务积累了财富，并在处置修道院地产中获利，最终晋升为显贵。[④]

最后，修道院地产流转对乡村的生产经营产生了深刻的影响，

---

① Mildred Campbell, *The English Yeoman under Elizabeth and the Early Stuarts*, p. 71.

② W. G. Hoskins, *The Age of Plunder: The England of Henry VIII, 1500-1547*, p. 133.

③ D. M. Palliser, *The Age of Elizabeth: England under the Later Tudors, 1547-1603*, p. 85; A. L. Rowse, *The England of Elizabeth: The Structure of Society*, London: Macmillan & Co. Ltd., 1951, pp. 226, 279.

④ G. E. Mingay, *The Gentry: The Rise and Fall of a Ruling Class*, p. 45.

主要体现在对承租人原有的土地权利的认可和采用新的生产经营方式上。宗教改革前，许多修道院领主将土地出租给临近的乡绅和约曼，由于他们的租赁保有权利相当稳固，变更领主后也很难被修改租金。[①] 不可否认，在“世俗人士出租的修道院土地上，缩短租期、驱逐佃户的事情时有发生”[②]，但大多数没有废除原来订立的契约，承租人根据惯例或原有的契约继续享有土地使用权，在契约规定的时间内还是比较安全的。例如，1590 年的一项调查表明，在原属于赫特福德郡奎姆赫尔修道院的一个庄园，佃户们保持着 16 世纪初得到的 99 年租佃权，佃户一代接一代地耕种着庄园土地。再如，佃户托马斯以年租 4 先令的价格租种着他的先辈在 1495 年 1 月 28 日租下的 35 英亩前修道院土地，租期为 99 年。佃户理查德以年租 7 先令的价格继续租种自 1527 年承租的为期 99 年的 43 英亩土地。[③] 他们在租期内未被提高租金，也未被驱逐。

在解散修道院时，贵族阶层虽然通过买卖获得许多土地，但由于他们很快将土地转卖或转租，大量的土地流向以乡绅和约曼为代表的中间阶层。这些参与买卖修道院地产的乡绅，特别是他们的幼子，采取新的生产方式，使之以市场为生产导向，获取了较高的利润，促进了租地农场的发展。[④] 而某些承租土地的约曼

---

① Alexander Savine, *English Monasteries on the Eve of the Dissolution*, p. 178; G. E. Mingay, *The Gentry: The Rise and Fall of a Ruling Class*, p. 46.

② 〔英〕阿萨·勃里格斯:《英国社会史》，第 140 页。

③ John Thirsk, ed., *Agrarian History of England and Wales*, Vol. 4, p. 345.

④ J. E. Martin, *Feudalism to Capitalism, Peasant and Landlord in English Agrarian Development*, New Jersey: Humanities Press, 1983, p. 131.

则按时向领主交纳固定的货币地租，地租形态的进一步固化及他们长期而有效的经营，使得资本主义经营方式得到进一步的发展。例如，约克郡的乡绅约翰·凯伊，像他的父亲和祖父一样悉心耕作，从而增加了家庭收入。白金汉郡的坦普家族也是通过农牧业经营而发迹的，皮特·坦普通过在承租的土地上经营养羊业并出色地管理购置的地产，大获成功。他的儿子、乡绅约翰·坦普为了巩固家族地位和扩大经营，又在沃里克郡购置了许多土地。伯克郡的罗伯特·罗德并不满足于自给自足地经营农业，而是为市场而生产小麦、大麦等粮食。但他的生产方式并不粗放，定期改良土地，悉心经营，以期望获取更多的经济回报。[①]“解散修道院的最终影响是推动了土地市场的发展，使得大量土地落入农业资本家手中，因而他们可以以利润最大化的原则进行经营。”[②]这种有效的经营方式进一步巩固了乡村中间阶层的实力。

小　结

在一个土地资源占据决定性优势的农业社会中，土地流转的重要性不言而喻。近代早期英国修道院土地的流转是一种社会财富的大规模重新分配，土地的天然属性吸引着人们参与到土地的

① John Thirsk, ed., *Agrarian History of England and Wales*, Vol. 4, pp. 296, 300, 303.

② R. J. Holton, *The Transition from Feudalism to Capitalism*, New York: Macmillan Education, 1985, p. 178.

交易中去，体现了不同社会阶层的社会心态与价值判断。以乡绅和约曼为代表的乡村中间阶层在使用土地的过程中采用新的土地经营方式，使得土地动产化、商品化、资本化，提高了农业利润；在占有土地的同时又巩固了自身的土地权利，而产权的明晰也保障了生产的可持续性。在此基础之上，乡村中间阶层在诸方面实现了普遍的发展。总的来说，英国在贵族和一般农民之间形成了强有力的中间等级，或者说中产阶级，进而为即将来临的革命准备了领导和骨干力量。[①]

① 侯建新：《社会转型时期的西欧与中国》，高等教育出版社 2005 年版，第 121 页。

第六章　英国革命时期的土地流转

1603 年，都铎王朝最后一位君主伊丽莎白女王死后无嗣，由苏格兰国王詹姆斯·斯图亚特（James Stuart）继承英国王位，同时仍兼苏格兰国王，改称詹姆斯一世，开始了斯图亚特王朝（House of Stuart）在英国的统治。詹姆斯一世追求君权至上，着力扩张对教俗的专制权力。为了巩固自己在英格兰和苏格兰的统治地位，力促宗教统一，在苏格兰推行英国国教，要求全体教士承认君主的至尊宗教权威，遭到苏格兰反对。同时干涉议会选举，限制议会权力。其子查理一世与议会关系更为紧张，于 1629—1640 年解散议会，挑战“王在议会中”的政治传统。在宗教方面，查理一世坚守国教中残存的天主教色彩，重用坎特伯雷大主教威廉·劳德推行宗教改革，抵制对国教做进一步改革的要求，并命令苏格兰教会接受英国国教的祈祷书，背离了苏格兰民众的宗教倾向，引发了苏格兰的反抗。为了保障对苏格兰战争的胜利，查理一世召开议会筹措军费镇压起义，在 1640 年 4 月召开新议会，但是新议会的资产阶级和新贵族代表皮姆、汉普敦等人猛烈抨击国王暴政，拒绝讨论征税问题。查理一世一怒之下，解散了这届议会。这届议会一共存在了3个星期，史称“短期议会”，预示着革命时代的到来。议会解散后，英苏双方战争继续，但英方缺乏军费。同年11月，查理一世被迫再次召开议会。这届议会一直持续到1653年，被称为“长期议会”。查理一世利用议会的分裂，弹劾反对派的议员，1642年1月，查理一世率兵闯入下院，企图逮捕反对派议员。这一举动激化了议会与国王的矛盾，同年8月，国王军队和议会军队正式开战，英国内战爆发。

在内战爆发后不久，长期议会就着手没收反对派的地产并公开出售。1644年7月，议会颁布法案公开出售没收地产，土地的最低售价是8倍年金，宅基地是6倍年金。之后，又出台一系列法案，以不低于10倍年金的价格出售主教地产、12倍年金的价格出售牧师地产、13倍年金的价格出售王室地产。[①] 至于被没收的王党地产，出售价格一般不足20倍年金，但要受到所交纳罚金的影响：如果所交纳罚金的比率为十分之一，则以20倍年金出售；如果所交纳罚金的比率为六分之一，则以18倍年金出售；如果所交纳罚金比率为三分之一，则以15倍年金出售。[②]1649年1月30日，国王查理一世被处死后，英国历史进入了一个特别的时期，此后11年内王位空缺，这一段时期被称为“大空位”（Interregnum）。经过普莱德上校清洗过的“残缺议会”宣布成立共和国，废除王位，取消上院，仅保留下院，并由下院主持各项事务。同年，爱尔兰

① H. Egerton Chesney, “The Transference of Lands in England, 1640-1660”, pp. 198-200, 202.

② H. J. Habakkuk, “The Long-Term Rate of Interest and the Price of Land in the Seventeenth Century”, p. 32.

公开支持查理一世的儿子查理二世，与英格兰对立。次年，苏格兰也承认查理二世为新国王，与英格兰公开对峙。为了筹措应对爱尔兰、苏格兰战争的军费，议会颁布了拍卖王室地产、主教地产和王党地产的法案，出现了土地买卖的高潮，土地流转加速。根据国家档案馆的记载，1640—1660年间政府获利29,619,628英镑，包括征收的22,467,127英镑税收和7,152,501英镑的出售没收地产的收入。[①] 这些土地交易是什么性质的交易？对当时英国乡村社会产生了什么影响？这些问题值得我们深入研究。

第一节 王室地产的流转

诺曼征服之后，国王威廉一世成为英格兰全部土地的所有者，为了获取世俗贵族和教会贵族的支持，他将土地层层分封，受封者为封臣。那些没有被国王分封的土地便是王室领地。中世纪时，英格兰国王为了继续获得世俗贵族在军事和政治上的支持，将王室领地继续分封，王室地产的规模不断缩水。都铎王朝历任君主主动出售王室地产[②] 以弥补各种庞大支出，例如1536—1554年出

---

① Ian Gentles, *The English Revolution and the Wars in the Three Kingdoms, 1638-1652*, London & New York: Routledge, 2007, p. 444.

② 宗教改革期间，国王亨利八世没收修道院地产归为己有，并在出售前进行清查。首先，由国王增收法院颁发授权证；其次，审计员对待售王室地产进行评估，包括土地的性质、价值、购买价格以及对出售的任何限制。例如1544年，威廉·格雷提出购买伯克郡雷丁附近的布尔默舍庄园的请求，该庄园以前属于雷丁修道院，现在归亨利八世所有。他还申请买下伯克郡桑宁修道院的所有旧地。参见E 318/11/507, Part of the particulars for the sale of the manor of Bulmershe, following Henry VIII's dissolution of the monasteries, dated 17 June 1544。

售王室地产约价值 1,103,000 英镑，1561—1563 年、1589—1603 年分别为 176,000 英镑和 641,000 英镑。斯图亚特王朝时，除了拉特兰和诺森伯兰郡，王室地产几乎遍布英格兰各个郡，主要集中在东米德兰和南部地区，其中位于萨里郡、林肯郡、北安普顿郡和米德尔塞克斯的王室地产约占全部地产总价值的三分之一。面对经济困窘，詹姆斯一世和查理一世于 1603—1635 年出售王室地产获利约 1,426,000 英镑。随着内战中国王的战败，议会颁布法令出售王室地产[①]，使得王室地产进一步减少。

1649 年 1 月 30 日，国王查理一世被斩首，同年英国宣告建立一院制共和国。2 月 24 日，议会指定 24 名议员来处理查理一世及王室所拥有的地产。[②]1649 年 2 月到 6 月，共有 65 名议员参与到处置王室地产中。[③]议会对王室财产的调查与评估一直持续到 1650 年末，有超过 90% 的王室地产被细致调查、记录在案，这被称为“王室地产的末日审判书”[④]。1649 年 7 月 4 日，议会颁布了一项出售国王所拥有的动产及个人地产的法案，该法案旨在没收国王查理一世及王后、王储所拥有的动产及部分个人地产，以偿还

---

① Lawrence Stone, *Causes of the English Revolution*, London & New York: Routledge, 1972, p. 154; Ian Gentles, “The Sales of Crown Lands during the English Revolution”, *The Economic History Review*, New Series, Vol. 26, No. 4 (1973), p. 621.

② 这是因为自内战开始，议会就亏欠军队不少军费，到 1659 年仍欠军队 2,200,000 英镑以及各种未兑现的债券。参见 Ian Gentles, *The English Revolution and the Wars in the Three Kingdoms, 1638-1652*, p. 445。

③ Ian Gentles, “The Sales of Crown Lands during the English Revolution”, p. 615.

④ Sidney Joseph Madge, *The Domesday of Crown Lands: A Study of the Legislation, Surveys, and Sales of Royal Estates under the Commonwealth*, London: G. Routledge & Sons Ltd., 1938.

债务。[①] 此后，没收范围扩大。7 月 16 日，议会再次颁布了出售王室地产的法案，该法案旨在出售原属于国王、王后及王储的庄园、土地等财产，购买者可享有与国王、王后及王储一样的权益，即来自地产的收益及各项附属权利。这是大空位时期最重要的出售土地立法之一。根据该法案，王室地产上的直属佃户（immediate tenants）在土地出售的 30 天内享有优先购买权。对于军官、士兵及政府行政人员这些“原债权人”（Original Creditors），如果想购买该法案涉及的地产，在直属佃户的 30 天优先购买权结束之后的 10 天内享有优先购买上述地产的权利。[②] 他们凭借手持的政府债券，能以优惠的价格获得王室地产。为了换取现金，他们还可以将债券转售给有意愿购买土地的第三方[③]，实际上加速了土地流转。例如萨缪·希德利购买了王室位于北安普顿郡格林斯诺顿庄园的土地，很快便将土地分成小块转售给佃农。[④]40 天之后，王室土地才面向大众出售。普通民众如果想购买一块特定的地产，可以提起申请，希望购买土地的民众及之后交易的合同将会被记录在案。[⑤]

就购买者的类型来看，以初次购买者为例（不包括转手交易），有 303 人购买了王室地产，共支付 250,092 英镑，约占王室

---

① C. H. Firth and R. S. Rait, eds., *Acts and Ordinances of the Interregnum*, Vol. 2, London: Published by H. M. Stationery Office, 1911, pp. 160-168.

② C. H. Firth and R. S. Rait, eds., *Acts and Ordinances of the Interregnum*, Vol. 2, pp. 168-191.

③ H. J. Habakkuk, “Public Finance and the Sale of Confiscated Property during the Interregnum”, p. 70.

④ Joan Thirsk, *The Rural Economy of England*, London: The Hambledon Press, 1984, p. 102.

⑤ Ian Gentles, “The Sales of Crown Lands during the English Revolution”, p. 620.

地产总价值的 18%。其中，乡绅购买王室地产的价格及比例最高，为 147,358 英镑，占总购买地产价值的 58.5%。其中来自伦敦和米德尔塞克斯的乡绅有 54 人，购买了价值 57,967 英镑的地产；来自地方上的乡绅有 94 人，购买了价值 86,854 英镑的地产。仅有 6 名商人购买了王室地产，所占比例不高，即不足 7%。乡村富裕农民也有不少人购买了王室地产，人数约有乡绅的四分之一，但购买力却为乡绅购买地产价值的十分之一。此外，议员和政府职员也是王室地产的主要购买人。议员科尼利厄斯·霍兰德是白金汉郡克莱斯诺某庄园的直属佃户，他有优先购买庄园的权利，最终以 4,796 英镑 2 先令 4 便士的价格购买了该庄园。同时，他还以 3,452 英镑 10 先令 7.5 便士的价格购买了国王在威尔士拉德诺郡的 5 个庄园。其他议员，如亨利·范恩爵士、爱德华·普利多、亨利·迈尔德梅爵士和约翰·特伦查德等人都购买了王室地产。也有不少政府职员，如乔治·诺顿爵士、亨利·罗宾逊等人购买了原属于王室的土地。①

除了直接出售王室地产，议会还委托信托机构调查和处置国王以永久租佃地产权出租的地产。根据一份威尔士卡马森郡特雷恩·马奇和特雷恩·摩根庄园的租佃清册记载，1650 年 7 月，共收入理查·菲利普等人 4 英镑 5 先令的租金②，出售价格为不低于

① Ian Gentles, "The Sales of Crown Lands during the English Revolution", pp. 622-623.

② E 317/CARM/23 folio 1, a parliamentary survey commissioned by trustees for crown lands and fee farm rents, dated July 1650.

8 倍年金[①]。英国历来有尊重习俗与契约的传统，对于土地承租者，原有的租约合法有效，不会被任意侵夺土地，其实际占有权不容忽视。议会清查的目的是在保留原有租佃关系的基础上将这些租佃权转售，即为永久租佃地更换“拥有者”而非承租人。

第二节 主教地产的流转

在宗教改革期间，都铎王朝君主侵占并出售了不少大主教、主教的地产[②]，他们在议会中的作用不断被削弱[③]。英国革命时期，主教们不但被排挤出议会权力之外，其土地还被进一步没收并出售。1640 年 11 月长期议会召开以后，除了通过一系列不利于斯图亚特王朝统治的世俗领域的决议，还将关注点放在宗教领域，希望通过废除主教制度，进一步限制王权，并扩大议会权力。同年 12 月 11 日，由 15000 名伦敦市民签名，呈交给长期议会的一份请愿书，即《根枝请愿书》(Root and Branch petition)，呼吁议会“连根带枝”地废除主教制度。议会在讨论该问题时产生分歧，出现了以福克兰子爵卢修斯·卡里、约翰·斯特兰韦斯、爱德华·海德等人为首的王党[④]和被称为“圆颅党”的议会党。议

① H. Egerton Chesney, “The Transference of Lands in England, 1640-1660”, p. 203.

② W. G. Hoskins, *The Age of Plunder, the England of Henry VIII 1500-1547*, pp. 138-148.

③ Robert C. Palmer, *Selling the Church: The English Parish in Law, Commerce, and Religion*, p. 227.

④ Sir John Arthur Ransome Marriott, *The Life and Times of Lucius Cary, Viscount Falkland*, London: Methuen & Co., 1907, p. 225.

会党人谴责主教制的堕落，强烈要求改革英国教会。1641 年 5 月 27 日，以《根枝请愿书》为基础的《根枝法案》(Root and Branch Bill) 再次被引入议会，提出驱逐主教、废除主教制度[①]，目的是控制教会的政策、管理与财富，“连根带枝”地清除天主教色彩[②]。之后，上院先后通过了两部《主教排除法》(The First and Second Bishops' Exclusion Bill)，主教势力因此被清除出议会。[③]

1646 年 10 月 9 日，议会通过了废除英格兰和威尔士大主教及主教的条例，并将其土地和财产出售。该法案规定，没收并出售大主教及主教以索克保有制从国王处保有的地产，以及以货币或劳役地租的形式从其他领主处保有的土地。[④] 但此时购买主教地产仍有一定限制。1649 年，议会就开始设计解除购买主教、牧师地产的限制。[⑤] 在 1649 年 6 月 25 日，议会颁布一项关于鼓励购买主教地产的法案。[⑥] 虽然教会地产上的直属佃户也拥有 30 天的优先

---

① Henry Gee and William John Hardy, eds., *Documents Illustrative of English Church History*, London & New York: Macmillan & Co., 1896, pp. 537-545.

② Robert Brenner, *Merchants and Revolution: Commercial Change, Political Conflict, and London's Overseas Traders, 1550-1653*, London & New York: Verso, 2003, p. 342.

③ B. H. G. Wormald, *Clarendon: Politics, History and Religion 1640-1660*, Cambridge: Cambridge University Press, 1989, p. 284; Samuel Rawson Gardiner, *History of England from the Accession of James I to the Outbreak of the Civil War, 1603-1642*, Vol. 9, Cambridge: Cambridge University Press, 2011, p. 378.

④ C. H. Firth and R. S. Rait, eds., *Acts and Ordinances of the Interregnum*, Vol. 1, London: Published by H. M. Stationery Office, 1911, pp. 879-883.

⑤ *Journal of the House of Commons*, Vol. 6, London: Reprinted by Order of the House of Commons, 1802, p. 247.

⑥ C. H. Firth and R. S. Rait, eds., *Acts and Ordinances of the Interregnum*, Vol. 2, pp. 155-156.

购买权，但由于经济实力有限，他们并不是教会地产的主要购买人。以坎特伯雷、达勒姆、格罗斯特、伦敦、伍斯特、约克等六大主教区的地产购买情况来看，这六大主教区共有 2,957 名直属佃户，购买主教区土地的直属佃户仅有 34 人，约占总数的 1.1%，他们所占有的土地价值不超过六大主教区出售土地总价值的 5%。非主教区佃户有 219 人购买了这六大主教区的土地，所占土地价值远远高于直属佃户的。[①] 总体来看，在英国革命期间，价值超过 500 万英镑的土地被没收和出售，约 1/3 的土地原属于教会[②]，其中出售主教土地的所得收益帮助政府减少了 660,000 英镑的债务[③]。因为除了王室地产，教会地产也是原债务人——军官们、士兵们及政府职员的购地选择。

就地区分布而言，购买主教地产的人主要来自伦敦、东南部、西南部和北部地区；就购买人数而言，以来自伦敦和北部诸郡的人最多，来自米德兰、南部、东部诸郡和威尔士的人数次之。其中，来自伦敦的人共购买了价值 332,845 英镑 17 便士 3 先令的土地，约占全部购买土地总价值的 48%，居于首位。就购买主教地产的构成成分来看，乡绅无论是购买人数还是购买土地的总价值都是最高的，约占总购地价值的 39%。紧随其后的便是伦敦商人，虽然人数不足乡绅的一半，但购买能力更强，他们购买的土地价

---

① Ian Gentle, "The Sales of Bishops' Land in the English Revolution, 1646-1660", *The English Historical Review*, Vol. 95, No. 376 (Jul., 1980), p. 580.

② H. J. Habakkuk, "Public Finance and the Sale of Confiscated Property during the Interregnum", p. 87.

③ Ian Gentle, "The Sales of Bishops' Land in the English Revolution, 1646-1660", p. 576.

值约占总购地价值的30%。再次分别是律师、男爵、骑士、地方商人及手工业者、其他职业者、贵族和约曼。[①]

大空位时期，英国国内局势并不稳定，议会与军队的斗争一直存在着，克伦威尔死后，军队本身也不再团结。1660年，查理二世回到伦敦，斯图亚特王朝复辟了。如何处理之前被没收的王室地产及教会地产的问题非常棘手，这是因为土地的新主人有很多办法可以留住土地。从理论上说，被没收的王室、教会和王党地产应该归还，查理二世建议对购买者给予一定补偿，希望令购买人和原地产持有人双方都能满意。[②]1660年10月成立专门的调查委员会来处理王室地产及教会地产的归属问题，他们收集了所有购买地产者的基本情况，了解购买地产所支付的款项，包括有多少是直接以现金的形式支付的，有多少是以债券的形式来支付的，有哪些债券是伪造的，并弄清他们所购地产后的租金收入及转售交易。该委员会还被授权传唤购买者提交土地交易的相关证明。[③]对于购买者的补偿问题，1660年之后，部分之前购买王室地产的人被转换为租赁持有人，承租王室地产。[④]至于教会地产，原购买人及原佃户有优先承租教会地产的权利，从此之后除非原购买人或原佃户不再租赁，不得与他人缔结新租约。[⑤]

---

① Ian Gentle, "The Sales of Bishops' Land in the English Revolution, 1646-1660", pp. 588-589.

② Joan Thirsk, "The Restoration Land Settlement", p. 316.

③ Joan Thirsk, "The Restoration Land Settlement", p. 319.

④ H. J. Habakkuk, "Landowners and the Civil War", *The Economic History Review*, New Series, Vol. 18, No. 1, Essays in Economic History Presented to Professor M. M. Postan (1965), p. 130.

⑤ Joan Thirsk, "The Restoration Land Settlement", p. 320.

第三节 王党地产的流转

早在内战期间，议会便成立扣押委员会（Sequestration Committee），用以处理没收议会党对立者的财物。例如萨莫塞特郡的爱德华·伯克利爵士在内战中参加反对议会的军队，在 1646 年 12 月被没收了价值年收益 300 英镑的地产以及处以 680 英镑的罚金。[①] 扣押委员会于 1643 年末没收了国王支持者德比郡第七任伯爵詹姆斯·斯坦利的地产，并于 1649 年出售。[②] 大空位时期，议会再次颁布出售王党地产的法案，王党地产被正式出售。[③] 1651 年 7 月 16 日，议会颁布了一项因犯叛国罪而没收地产的法案（即第一出售法案），该法案罗列了 71 人，根据该法案的相关条款来出售或转让地产。[④] 该法案一经生效，就要出售罪犯的土地、宅院及附属物。[⑤] 例如纳沃斯的弗朗西斯·霍华德爵士就名列其中，次年 3 月 3 日，其位于达勒姆郡康斯克里夫、尼舍姆、布里亚顿、奥克兰德等地的庄园及土地被出售给托马斯·克顿爵士。弗朗西斯·霍华德之妻玛丽因此抱怨，正是依第一出售法案导致家产被卖，除非能将位于康斯克里夫、尼舍姆、布里亚顿的田产免于出

---

① SP 23/193 folio 49, Committee for Compounding with Delinquents.

② Melanie Harrington, "The Earl of Derby and His Tenants: Sales of Royalist Land during the Interregnum Revisited", *The Economic History Review*, Vol. 64, No. 4 (Nov., 2011), p. 1199.

③ Joan Thirsk, "The Sales of Royalist Land during the Interregnum", p. 189.

④ C. H. Firth and R. S. Rait, eds., *Acts and Ordinances of the Interregnum*, Vol. 2, pp. 520-545.

⑤ *Journal of the House of Commons*, Vol. 6, pp. 604-605.

售，境况才能好转。[①]1652 年 8 月 4 日，议会又颁布了一项因犯叛国罪而没收地产的法案，罗列了 29 人及其所拥有的地产情况、拍卖的程序等[②]，表明这批被共和国没收的地产要用于军队的建设[③]。1652 年 11 月 18 日，议会颁布因犯叛国罪而没收地产的附加法案，再次增添了一批罪犯，多达 680 名，详细规定了政府拍卖的权利、拍卖的时效，如何出售这批人的土地、庄园等财产，如何处理这些地产的未来性权益，即包括归复地产权和剩余地产权等一系列问题。[④]总体来看，三个出售法案涉及英格兰和威尔士共 780 名王党的土地。每个出售法案各具特点，第一出售法案针对 71 名显赫王党成员；第二出售法案则针对 29 名地位稍逊者；第三出售法案数量剧增，牵扯范围更广，包括一些约曼农。第三出售法案还给他们提供了 30 天的时间来赎回土地，可见该法案的动机没有前两个出售法案那样具有惩罚性，主要是用于筹集资金。[⑤]

议会设置专门机构来处理犯叛国罪的王党的地产，由专门的调查员负责评估被没收的地产的规模和价值，调查报告绘制成册并公开。[⑥]直属佃农的 30 天优先购买权一到期，就以不低于 10 倍

① Richard Welford, ed., *Records of the Committees for Compounding, etc., with Delinquent Royalists in Durham and Northumberland during the Civil War, etc.*, Durham: Andrews & Co., 1905, p. 251.

② C. H. Firth and R. S. Rait, eds., *Acts and Ordinances of the Interregnum*, Vol. 2, pp. 591-598.

③ *Journal of the House of Commons*, Vol. 6, p. 160.

④ C. H. Firth and R. S. Rait, eds., *Acts and Ordinances of the Interregnum*, Vol. 2, pp. 623-652.

⑤ B. G. Blackwood, *The Lancashire Gentry and the Great Rebellion, 1640-1660*, Manchester: Printed for the Chetham Society, 1978, p. 121; Melanie Harrington, "The Earl of Derby and His Tenants: Sales of Royalist Land during the Interregnum Revisited", p. 1195.

⑥ R. C. Bald, *Donne and the Drurys*, Cambridge: Cambridge University Press, 1959, p. 109.

年金的价格公开出售，价高者得土地。[①] 例如，13 个兰开夏王党乡绅依据优先购买权重新获得了原属于自己的 2 座庄园和 13 块土地。[②] 拍卖王党地产共盈利约 1,250,000 英镑，收取赎金 1,300,000 英镑。[③] 优先购买权对大多数的佃户来说意义不大，一是因为大多采用整块出售王党地产的方式，即将整个庄园出售，一般佃农的购买力不足，难以在初次拍卖中大量购置土地。他们大多是在地产分割后的二次或三次转卖时购入土地。[④] 二是因为完成购买还需要雇佣地产代理来处理土地流转的相关手续，这对不谙土地法及交易规则的人来说不啻是一种阻碍。[⑤]

在拍卖王党地产的过程中，议会也遇到不少问题，这是由原有的土地性质和复杂的土地关系造成的。从土地保有制的角度看，只有自由继承地产（fee simple）才能够直接出售，这是一种永久性的地产让渡，复辟时期可以不必归还。公簿持有地的出售须遵循一定的条件，而租赁持有地要等待租期结束后，购买人才能享有土地上的权益。例如普拉普顿家族的地产全部由债权人和独立购买者所得，但由于某些地产早已出租，所以该叛国者的孙女在 1652 年仍然持有还剩 7 年的租约，即只有到 1659 年租期终止时，那些购买人才能实际获得地产上的收益。[⑥]

---

① P. G. Holiday, "Land Sales and Repurchases in Yorkshire after the Civil Wars, 1650-1670", p. 71.

② B. G. Blackwood, *The Lancashire Gentry and the Great Rebellion, 1640-1660*, p. 122.

③ H. J. Habakkuk, "Landowners and the Civil War", p. 150.

④ Joan Thirsk, "The Sales of Royalist Land during the Interregnum", p. 203.

⑤ Ian Gentle, "The Sales of Bishops' Land in the English Revolution, 1646-1660", p. 581.

⑥ P. G. Holiday, "Land Sales and Repurchases in Yorkshire after the Civil Wars, 1650-1670", p. 82.

王党成员多为各类土地持有人，其中不少人为了防止地产被没收，在内战之前便对持有的地产进行了分配和处置，提前规定了土地占有人现世和未来的土地权益，如果出售这样的地产，相当于仅仅出售地产当世的收益，也即终身地产权益，这样的地产不能继承也不能任意处置，外来人如果想购买这类地产，只能享有终身的权益，等到去世时就要将地产归还给王党成员的继承人，故对购买者来说吸引力不大。[①] 以林肯郡为例，有 29 名王党成员的地产被没收，人数约占该郡王党数量的一半。其中 15 人的地产已经设置限嗣继承，7 人的地产已经设置了夫妻共同持有财产权益，5 人的地产负有债务或已经被抵押出去，仅有 2 人的地产是自由继承地产，可以直接出售。即便在 185 份被标记可以出售的地产中，也有 68 份地产上存有归复地产权益，这是一种未来性地产权益，持地人只能享有当世的权益，去世时要返还给原持有人的继承人，无权让渡土地和继承土地。这种方式无疑降低了外来者购买的欲望，减少了对王党家族核心地产的损害。

判断革命时期王党地产交易的性质，可以将土地购买人的身份作为衡量标准。第一，王党本人购买。在埃塞克斯郡、赫特福德郡、肯特郡和萨里郡，有 25% 的地产被王党赎回；在汉普郡有 53% 的地产被王党赎回，约有 34% 的地产被永久性出售；在伯克郡、汉普郡、牛津郡和苏塞克斯郡共有约 39% 的地产被王党赎回。在英格兰东南部，有 50 名被没收地产的王党，有贵族身份的王党

---

① Paul Gladwish, “The Sale of Royalist Lands After the English Civil War: Two Case Studies from the West Midlands”, p. 26.

分子大都将自己被没收的地产买回。阿伦德尔勋爵赎回了他在牛津郡的2所庄园，莫利勋爵赎回了在苏塞克斯、埃塞克斯和赫特福德郡的6所庄园。[①] 埃文顿的弗朗西斯·绰克在伯克郡拥有一些动产及不动产，他对这些不动产拥有自由继承权。为了赎回被没收的地产，不得不交纳大笔罚金。[②]

第二，由原地产主的代理人或受托人购买土地。不少王党分子在1660年之前就通过代理或亲朋来赎回了地产，在兰开夏，大约72.7%的没收地产由王党亲属代理购买。[③] 赫特福德郡罗杰·博登翰爵士的地产年收益约为3000英镑，他雇用了职业代理人约翰·维尔德曼帮他赎回地产。[④] 大多数的代理人可以购买单块土地或庄园，少数代理人有实力大笔购入，例如诺森伯兰人约翰·鲁什沃思在约克郡、林肯郡和诺森伯兰郡购置了21处地产，出身北方的吉尔伯特·克劳奇购置了38处地产，其中位于约克郡和东北地区的有31份。事后，这些代理人或受托人将土地转移给王党成员，使其恢复了自己持有的地产。[⑤]

第三，以承租的方式再次占有原地产。被没收地产者本人直接或通过亲朋从扣押财产者那里以较低的价格承租原属于自己的地产。例如1652年，威廉·安德顿承租了原属于他的位于安德顿

---

① Joan Thirsk, “The Sales of Royalist Land during the Interregnum”, pp. 193-194.

② SP 23/ 193 folio 825, Committee for Compounding with Delinquents.

③ B. G. Blackwood, *The Lancashire Gentry and the Great Rebellion, 1640-1660*, p. 127.

④ Paul Gladwish, “The Sale of Royalist Lands After the English Civil War: Two Case Studies from the West Midlands”, pp. 28-29.

⑤ P. G. Holiday, “Land Sales and Repurchases in Yorkshire after the Civil Wars, 1650-1670”, p. 77.

和阿德灵顿的自营地。上述这些人基本都通过不同方式重新获得了自己的地产。[①]

从赎回被没收地产的时间来看，以兰开夏为例，大约48%的地产在复辟之前便被赎回，5%的地产在复辟之后被赎回，只有14%的地产一经出售没有被赎回，另有28%的地产赎回日期不详。[②] 在约克郡的156份地产中，约有67%的地产在被议会出售后随即就被王党赎回，约12%的地产由原债权人获得，3%的地产被议会封赏出去，只有8%的地产被当地人购买，还有另外10%的地产被外地人购买。[③] 总体来看，王党地产赎回的程度与每个郡中的地产主是支持国王还是支持议会有关。从地理分布的角度来看，议会的力量主要在东部和南部，在这些地方，王党人数相对少且被没收的地产也少，所以赎回地产的数量也相对较少。

通过上述可知，革命期间王党地产交易大多不是投机性质的，许多王党地产的交易不是永久性的，原地产持有人早在革命期间就已经通过各种方式购买、赎回，甚至承租自己被没收的地产。有些王党分子被没收地产后已经出现债务危机[④]，复辟时期即便有机会赎回土地，却因为经济原因而放弃，例如克利夫兰伯爵没有收回霍克尼庄园和斯坦普尼庄园，后者一直由最后一位购买者威

---

① B. G. Blackwood, *The Lancashire Gentry and the Great Rebellion, 1640-1660*, p. 115.

② B. G. Blackwood, *The Lancashire Gentry and the Great Rebellion, 1640-1660*, p. 126.

③ P. G. Holiday, "Land Sales and Repurchases in Yorkshire after the Civil Wars, 1650-1670", p. 81.

④ 哈巴库克教授探讨过地主阶层负债情况与重新购买被没收地产的关系。参见 H. J. Habakkuk, "Public Finance and the Sale of Confiscated Property during the Interregnum", pp. 79-83。

廉·霍布森持有[①]。罗伯特·多尔曼雇请约翰·鲁什沃思购买其被没收的地产，结果发现自己无力赎回，不得不放弃部分地产。[②]兰开夏只有3名王党完全失去地产，他们在内战之前就已负债累累。[③]

小 结

克里斯托弗·希尔认为，17世纪英国革命期间的土地交易达到顶峰，其规模可比肩16世纪解散修道院地产。[④]17世纪英国革命时期的土地流转是否像16世纪宗教改革期间的土地流转那样对英国乡村社会产生深刻的影响呢？从英国革命的参与者成分及政治取向来看，革命期间，交战的王党和议会军双方基本都由不同财产状况的土地所有者构成，有贵族、乡绅、富裕农民约曼及小土地持有农，也有一些商人及手工工匠参与，就组成成分来看并无太大区别。再以乡绅的政治取向为例，很多富裕的乡绅是积极的议会党人；在英格兰北部和西部的部分乡绅构成了王党军队的

---

① Joan Thirsk, "The Restoration Land Settlement", p. 323.

② P. G. Holiday, "Land Sales and Repurchases in Yorkshire after the Civil Wars, 1650-1670", p. 80.

③ 例如其中一人罗伯特·施瑞伯恩，在内战时已经负债达2722英镑，施瑞伯恩家族的年收入也从1626年的350英镑下降到1663年的125英镑，其后代也无力恢复被没收的地产。参见B. G. Blackwood, *The Lancashire Gentry and the Great Rebellion, 1640-1660*, p. 125。

④ Christopher Hill, *The Century of Revolution, 1603-1714*, London & New York: Routledge, 1961, p. 145.

支柱，在后革命时代成为最狂热的拥护教会和国王的人。[①]从土地流转的走向来看，表面上王党成员的地产大多被赎回，土地利益（land interest）阶层并未遭受多少损失，在当时英格兰这个农业社会中，革命产生动荡，却未动摇根基，掌权者仍是土地利益阶层，似乎革命期间的土地流转对土地财富占有结构的影响并不鲜明，土地仍然掌握在有产阶层手中，所以对乡村社会结构冲击不大。

但如果考虑到土地流转的总量，则不然。除去在市场上流动的王党地产，王室与教会地产进一步缩水，在1436年尚占有英格兰土地面积的25%—35%，到1688年则减少到5%—10%，其中王室拥有的庄园数量也从16世纪中叶的9.8%左右减少到17世纪中叶的2.1%。革命期间购买王室、教会地产的人员以乡绅为主，乡绅的占地规模大幅增加，在1436年，中下层乡绅占有英格兰土地面积的25%，到1688年约占英格兰土地面积的45%—50%。约曼农及一些小土地持有者持有土地的规模从20%上升到25%—33%，贵族持有土地的规模一直维持在15%—20%左右。[②]可见，土地财富占有结构在缓慢发生变化。与土地财富占有结构缓慢变化同步的是，乡村社会结构也在缓慢重构。早在宗教改革时期，以乡绅和约曼为代表的乡村中间阶层就是购置教会地产的主体，成为最大受益方。他们接手土地既可以转卖获得交易差额，也可以从事

① Lawrence Stone, *Causes of the English Revolution*, pp. 55-56.

② C. G. A. Clay, *Economic Expansion and Social Change: England 1500-1700*, p. 143; R. Lachmann, *From Manor to Market, Structural Change in England, 1536-1640*, p. 98.

农业经营获得利润，形成了新的、稳固的地产家族。[①]17 世纪英国革命时期，土地在不同阶层中流动着，主要流向以乡绅及约曼为代表的中间阶层。如果说 16 世纪的大规模土地流转促进了英国中间阶层的崛起，那么 17 世纪革命时期的土地流转进一步巩固了中间阶层的实力。这些中间阶层的政治影响力不容小觑，到 18 世纪，大约 20 万个有产家庭的成年男性不仅参选议员，还为议会提供了可以执行议会法律的地方官，以及成为服从地方官进行管理的公职人员。[②]

革命期间家产处置方式的革新也对英国社会产生了深远影响。自中世纪开始，在英格兰打算结婚的双方当事人之间会签订一份契约，为未来的丈夫、妻子及子女的利益对动产及不动产进行安排，即婚姻授产协定（marriage settlement）。到 17 世纪初，这种授产方式并不能有效保障家产的完整。[③]革命期间，为了防止地产被没收后难以收回，越来越多的王党选择更为严格的授产方式，即明确规定家族地产由固定的男性直系亲属继承，特别是 1645 年后，严格授产制（strict settlement）得到推广。[④]严格授产制的要素在于分割土地权益，长子作为终身佃户（life tenant）具有有限的处置地产的权利并仅限于终身，即便家产被拍卖，购买者也只

① Joyce A. Youings, "The Terms of the Disposal of the Devon Monastic Lands, 1536-1558", p. 31; H. J. Habakkuk, "The Market for Monastic Property, 1539-1603", p. 380.

② Andro Linklater, *Owning the Earth: The Transforming History of Land Ownership*, New York: Bloomsbury, 2013, pp. 36-37.

③ Lloyd Bonfield, *Marriage Settlement, 1601-1704: The Adoption of the Strict Settlement*, pp. 49-52.

④ H. J. Habakkuk, "Landowners and the Civil War", pp. 150-151.

能买到终身的权利，是一种“活买”，而不是“买断”。长子权益终止后，地产由待定继承人（contingent reminders）也就是孙子获得，还可以保障孙辈的权益。[1]这种建立在长子继承制的基础之上，并由严格授产制来保障的制度，有效地阻止了家产的分散[2]，在一定程度上促进了大地产的形成，也成为塑造近代英国土地制度的重要因素。到19世纪大地产成为普遍的土地组织形式，大地产以租佃制为主要经营方式，租佃制高度发展，促使土地的生产要素和资本要素功能相分离，降低了农场主投资、经营农场的门槛，加速了土地资源的优化配置。生产组织方式的变化对英国乡村社会结构产生影响，逐步形成了以地主—农场主—农业工人为类型的三级结构。

---

① Lloyd Bonfield, *Marriage Settlement, 1601-1704: The Adoption of the Strict Settlement*, p. 55.

② George C. Brodrick, *English Land and English Landlords*, London, Paris & New York: Cassell, Petter, Galpin & Co., 1881, p. 152.

第七章　永业与家内土地流转

工业革命之前，土地是英国社会中物质财富、政治权力和社会荣耀的基础，也是家产分配与继承的主要载体。早在盎格鲁-撒克逊时期，人们已使用遗嘱安排部分不动产的传承。[①] 诺曼征服后，受封建制及土地保有制的影响，英格兰确立了不得遗嘱处分地产的规则[②]，改变了盎格鲁-撒克逊时期的习俗，民众的法定遗嘱处分权变得相当有限。13 世纪后期，王座法庭明确禁止死后生效遗赠以及类似的土地遗嘱行为[③]，民众不能在其生前合法地对家内地产

---

① 具体的遗嘱类型包括“死后生效遗赠”（post-obit gift）、“临终分配”（death-bed distribution）和“成文遗嘱”（written cwide）三种，人们可以自由处分动产及不动产。就不动产而言，可用遗嘱自由处分的是书田（bookland），不包括民田（folkland）。订立遗嘱的人主要是王室成员、主教、贵族、国王的塞恩，以及获得国王许可之人。F. Pollock and F. W. Maitland, *The History of English Law before the Time of Edward I*, Vol. 2, pp. 316-320; W. S. Holdsworth, *A History of English Law*, Vol. 2, Boston: Little, Brown, and Company, 1923, pp. 93-95.

② 并不包括租赁地产、市镇地产等准动产权益（quasi chattel interests），这些地产应按动产的规则处理，故不在本章探讨范围内。动产的处理规则为，如果某人去世时无妻无子，可以订立遗嘱；如果有妻有子，则需将财产一分为三，妻、子各得一份，剩余的三分之一才可以按遗嘱处理。参见 F. Pollock and F. W. Maitland, *The History of English Law before the Time of Edward I*, Vol. 2, pp. 330-331, 348。

③ F. Pollock and F. W. Maitland, *The History of English Law before the Time of Edward I*, Vol. 2, p. 325; W. S. Holdsworth, *A History of English Law*, Vol. 3, Boston: Little, Brown, and Company, 1923, p. 535; Joseph Dainow, “Limitations on Testamentary Freedom in England”, *Cornell Law Review*, Vol. 25, No. 3 (Apr., 1940), p. 340.

进行安排，家内地产的代际流动受到普通法继承规则的限制。在这种背景下，理论上讲，订立遗嘱者难以提前规划家内地产的走向，更遑论如何实现这样的规划。

中世纪后期以降，随着民众获取土地渠道的增加以及农业社会中土地的超经济属性的凸显，如何实现自由处分家内地产的权利，如何确定地产的未来权益，如何将地产长久地、完整地保持在家内血亲手中逐渐成为地产主阶层的追求。在近代早期的英国①，地产主②阶层设计了一种限制家族内部地产自由转让的特殊方式，当时的律师和法学家将这种方式称为“永业”（Perpetuity）③。永业有三个特征：一是家族内部的地产不可随意转让；二是具有时间上及受益人的不确定性；三是它在很大程度上体现了创设永业之人的自由意志，即便创设之人去世，家族地产仍在他们的控

---

① 关于英国近代早期的具体时间范围，因学者们考察历史的视角不同，有不同的看法。将16—18世纪视为英国的近代早期得到了广泛的接受。为了清晰地解释近代早期英国永业的来龙去脉，本章还对相关内容在研究时间上进行延展。

② 在封建时代，本章以持有土地的社会上层为主要研究对象，这部分群体为领主（Lords），戴尔称之为“中世纪社会最具权威的群体”。在近代早期，本章以地主（Landlords）为主要研究对象，但并非任何持有地产之人都在本章研究范围之内，特指贵族和以乡绅为代表的社会中间阶层，他们占据了大量的土地财产，垄断了丰富的政治资源，分享了较高的社会声誉，构成了土地利益阶层（Land Interests）。他们具有趋同的价值取向，在家族地产处分方法上具有高度相似性。为了行文的方便和连贯性，故使用“地产主”来笼统指代。

③ 关于Perpetuity和Rule against Perpetuities的译法，法律学界并不统一，比如前者包括永续、永业、久期、永久持有权等，后者包括反永续规则、禁止永久权规则等。参见薛波主编：《元照英美法词典》，第1047、1211页。Perpetuity在不同的历史阶段有不同的含义，在近代早期，它是指一种处分家族地产的方式、一种限制地产转让的权益、一类无法自由转让的地产，故本文采用“永业”的译法。在现代，它是指（权益的）长久存续期，即为“永续”。Rule against Perpetuities的核心内涵自产生至今变化不大，故统一翻译为“禁止永久权规则”。

制之中。后来，在创设永业的基础上衍生出来一种地产权——永久权：对于设计者来说它是一种长久限制不动产权益转让的财产处分权，诺丁汉勋爵称之为“一种无法阻断的地产权”；对于受让人来说，这意味着他们拥有的地产未来权益是受到限制的。正是地产主所拥有的长久处分权，限制了地产的自由转让，这些无法自由转让的家族地产即为永久产业。[①] 16 世纪大法官弗朗西斯·培根指出永业有很多“缺陷”（inconveniences），比如限制了地产的自由转让、约束了地产上的未来权益等。[②] 通过长期或永久控制家内不动产权益的转让来保持家产完整体现了地产主的个体愿望，这与普通法促进土地自由让渡（Free Alienation）的规定产生了冲突，在法律上逐渐确立了限制永业的规则——禁止永久权规则（Rule against Perpetuities），目的是限制地产主对家产的长久控制。该冲突持续数百年，展现了社会转型时期英国法与民众实际需求之间的差异以及法律的调整。

---

① Francis Bacon, *The Use of the Law: Provided for Preservation of Our Persons, Goods and Good Names, According to the Practice of the Lawes, and Customes of This Land*, p. 58; “The Lord Chancellor Nottingham’s Arguments”, in Anon., *The Duke of Norfolk’s Case, or, The Doctrine of Perpetuities Fully Set Forth and Explain’d*, London: s. n., 1688, p. 24; William David Lewis, *A Practical Treatise on the Law of Perpetuity, or, Remoteness in Limitations of Estates: As Applicable to the Various Modes of Settlement of Property, Real and Personal, and in Its Bearing on the Different Modifications of Ownership in Such Property*, pp. 163-164.

② Francis Bacon, *The Use of the Law: Provided for Preservation of Our Persons, Goods and Good Names, According to the Practice of the Lawes, and Customes of This Land*, p. 59.

第一节　有限地权与自由处分家产的需求

诺曼征服后，英格兰进入封建时期，以“领主—封臣关系和依附性土地占有权相联系的权利义务体系”为特征的封建法贯穿于整个社会秩序，英格兰所有土地被纳入保有制的框架中，形成了“可分财产权的概念”。[①] 在封建土地保有制下，国王作为英格兰法理上的土地所有者[②]，将土地层层分封，成为最大的封君；民众因承担不同的封建役务而享有保有土地及获得收益的权利，成为不同层次的封臣。[③] 土地上附着了多重封建关系，一方面，在同一块土地上的所有者、占有者、使用者可能并不统一；另一方面，高一级的土地保有权与次一级的土地占有权并存，土地权利因此被分割。例如国王威廉将位于萨福克郡和埃塞克斯郡的部分土地赠予老拉尔夫伯爵，拉尔夫伯爵从他父亲那里继承之后又将这些土地出租给戈德里克[④]；国王的直属封臣（Tenant in Chief）威廉·德·奥威仅在赫特福德郡就拥有约 26 海德的土地，他本人并不直接耕作经营，而是再分封出去[⑤]；在诺福克郡，既有直属封臣将自己所持有的自营地分封给若干次级封臣的现象，也有一部分直属封臣兼任其他领主的次级封臣的情况[⑥]。可见封建土地关系的复杂性。

---

① 〔美〕哈罗德·J. 伯尔曼著：《法律与革命 —— 西方法律传统的形成》，贺卫方、高鸿钧、张志铭、夏勇译，中国大百科全书出版社 1993 年版，第 360、381—382 页。

② Edmund King, *England, 1175-1425*, p. 44.

③ A. W. B. Simpson, *A History of the Land Law*, pp. 15-19.

④ William Page, ed., *The Victoria History of the County of Norfolk*, Vol. 2, p. 13.

⑤ William Page, ed., *The Victoria History of the County of Hertfordshire*, Vol. 1, p. 282.

⑥ William Page, ed., *The Victoria History of the County of Norfolk*, Vol. 2, p. 28.

随着普通法的发展，土地的保有性质不断规范，逐渐形成了按时效划分土地权利的规则，加剧了土地封授关系的复杂程度，进一步分割了民众的地权。依据是否实际占有土地并收益为标准，可以将自由持有地产权分割为当世地产权（present estate）[①]和未来地产权（future estate）。前者表明在当世便可实际占有土地并收益的权利（present interests），包括自由继承地产权（fee simple）、限嗣继承地产权（fee tail）和终身地产权（estate for life）；后者表明在未来某个时间段可实现的土地权利，即未来权利（future interests）[②]，包括土地归复权（reversions）、可归权（possibilities of reverter）、剩余地产权（remainders）等。对于国王及上级领主来说，复杂的封授关系和分散的土地权利有可能致使地产主规避封建役务，因此，控制作为社会根基的封土，特别是封土的传承尤为重要。到亨利二世统治时期，已确立了长子继承制适用于英格兰境内所有军役保有地的土地继承规则，即军役保有地主要由长子继承，地产主不能随意处置土地，到 13 世纪后期该规则的适用范围扩展到索克保有地（除肯特郡外）。这与当时持骑士领者履行军役、维护其上级的封建权益有关[③]，也是封土世袭化的产物，但

---

① 或称现实占有的地产权（estate in possession）。参见 W. S. Holdsworth, *An Historical Introduction to the Land Law*, pp. 49-68。

② 未来权利同当世权利一样都是一种当前获得的土地权利，只是在未来某个时间段才实现土地的真正占有而已，当世只是拥有这种未来占据土地的可能性的权利。

③ John Bethune Bayly, *Commentaries on the Laws of England: In the Order, and Compiled from the Text of Blackstone, and Embracing the New Statutes and to the Present Time*, London: Saunders and Benning, 1840, p. 118; J. E. Thorold Rogers and M. R. Henry, *Primogeniture and Entail, Letters of J. E. Thorold Rogers and M. R. Henry on the History and Working of the Law of Primogeniture and Entail, in their Moral, Social, and Political Aspect*, Manchester: Alexander Ireland and Co., 1864, p. 9.

该继承规则限制了地产主的家产分配权，“地产主无法供养其他亲属或仆从”[1]。对于地产主来说，并不满足于获得当世地产权，还希望控制家产传承的一般轨迹，以应对长子早亡、绝嗣或犯重罪等导致家产被收回或没收的情况，满足灵活处置家产分配、兼顾其他家庭成员生计与情感的个体化需求。如前所述，中世纪时英格兰民众并没有通过订立遗嘱处分不动产的合法权利，“临终前的馈赠土地也得不到普通法的认可”[2]。可见理论上地产主对于家族地产的控制力是相当有限的。

但地权的有限性存在被打破的可能。第一，中世纪英格兰封建制度本身就蕴含着离心力，特别是领主与附庸的契约关系存在被打破的可能，即在特定状况下，社会上层的封臣与底层的佃农都享有“撤销忠诚”、合法抵抗其领主的权利。[3]当领主与附庸之间这种双向的契约关系不复存在之时，封建制的两大根基——封臣制与封土制便轰然倒塌了。第二，中世纪后期，随着商品货币经济的发展，货币折算各类役务的行为进一步削弱了人身依附关系，冲击了封建土地制度，部分封土的军事功能不断下降，经济功能随之增长，原本土地上附着的封建役务（特别是军事役务）的重要性也逐渐消退了。第三，土地是贵族获取财富、保持政治权力与维系家族荣耀的基础[4]，中世纪后期到近代早期，议会多为

① Michael A. R. Graves, *The Tudor Parliaments: Crown, Lords and Commons, 1485-1603*, London: Routledge, 1985, p. 93.

② A. W. B. Simpson, *A History of the Land Law*, p. 62.

③ 侯建新：《抵抗权：欧洲封建主义的历史遗产》，《世界历史》2013 年第 2 期，第 31 页。

④ Lawrence Stone, *The Crisis of the Aristocracy, 1558-1641*, p. 135.

贵族及乡绅所掌控，在国王与议会对国家权力争夺的过程中，世俗贵族权力不断增长，王权进一步被限制。在议会内部，上院与下院的实力逐渐呈现此消彼长的态势，下院议员由选举产生，根据议会选举规定，只有居住在本地且拥有 40 先令以上年收入的自由持有者才有资格参加选举。[1] 到伊丽莎白统治后期，下院约有 462 名议员由富裕的地产主选举而来，其中绝大部分是乡绅，还有部分市民（商人）及律师。[2] 换言之，这些掌握一定权力的议员们基本上都是有产者，随着其政治权力的扩张，有能力改变有限地权的状况。

更为重要的是地产主对自由处分权的渴望，主要有以下原因：第一，出于政治利益的考量。中世纪后期英格兰五等贵族爵位[3] 大致成形，成为议会上院的主要构成，贵族爵位、封号与封土依长子继承制传承，若继承人骄奢挥霍或处理不当有可能导致封地受损，进而失去贵族头衔。近代以后，随着议会选举制度的成形，土地规模进一步影响到选邑的分配，不少大贵族通过掌握选邑来控制选举。例如，诺福克公爵除了在诺福克郡和萨福克郡掌握选邑，还控制了苏塞克斯的六个选邑[4]；诺里斯家族控制了牛津

① Carl Stephenson and Frederick George Marcham, eds., *Sources of English Constitutional History: A Selection of Documents from A.D. 600 to the Interregnum*, New York: Harper & Row, 1972, p. 276.

② Robert Tittler and Norman L. Jones, *A Companion to Tudor Britain*, Malden, MA: Wiley-Blackwell, 2004, p. 49.

③ 即公爵、侯爵、伯爵、子爵、男爵。

④ Stanford E. Lehmberg, *The Reformation Parliament 1529-1536*, Cambridge: Cambridge University Press, 1970, p. 30.

郡的许多议席[①]；贝德福德伯爵控制了1559年、1563年、1571年、1572年和1584年康沃尔、德文郡和多塞特郡等地自治市镇的议员选举[②]。此外，近代早期，英国乡绅阶层占有了全国近一半的地产[③]，随着经济实力的增强，他们在政治生活中也担任重要的角色。这些受过良好教育的乡绅逐渐分享了贵族的政治权力，在下院占据了大量的议席。家产一旦被分割，土地贵族及有产阶层的身份、权力、荣耀与社会地位都难保。第二，受土地流转规模的影响。都铎王朝早期，英格兰的土地市场发展相对缓慢，主要是由于土地供应不足和缺乏足够的资金投入，自由土地的流转往往是通过继承进行的，在朋友、邻居、商人、政治团体之间进行的小额土地交易对土地产权再分配的意义不大。[④]地产主大都选择尽量少出售、少分割地产，并试图通过控制土地继承来保证家产完整。在都铎君主解散修道院并拍卖修道院地产后，土地市场才真正繁荣起来。[⑤]受益于此的地产主不仅希望控制当世的土地权益，也希望对土地的未来权益予以把控，以实现家产世代永久传承下去的愿望，这成为永业产生与发展的源源不竭的动力。

---

① Faith Thompson, *A Short History of Parliament, 1295-1642*, Minneapolis: University of Minnesota Press, 1953, p. 157.

② P. W. Hasler, ed., *The History of Parliament: The House of Commons 1558-1603*, Vol. 1, London: Published by Her Majesty's Stationery Office, 1981, p. 62.

③ G. E. Mingay, *The Gentry: The Rise and Fall of a Ruling Class*, p. 9.

④ J. Youings, *Sixteenth-Century England*, pp. 154-155.

⑤ S. J. Payling, "Social Mobility, Demographic Change, and Landed Society in Late Medieval England", p. 53.

第二节 永业的产生

到 13 世纪左右，在土地交易的实践中出现了将土地转让给受让人及其某一特定继承人的做法，这些交易旨在让受让人的特定继承人获得土地权利。这种方式提高了地产主处分家产的灵活性。1285 年《限定继承法》(De Donis Conditionalibus) 明确规定，如果该特定继承人未出世，土地权利将回归到出让人及其继承人手中，标志着限嗣继承的成型。[①] 在限嗣继承的基础上衍生出一种限男嗣继承，即核心地产由家族直系辈亲属中的男性来继承，例如地产主将家产限定由长子及其后嗣继承，如果绝嗣，则转入第二子及其后嗣，如果绝嗣，则转入第三子及其后嗣，如此延绵不绝，以期建立一种不可阻断的限嗣继承（unbarrble entail），从而避免家产外流，这得到广大拥有大量地产的贵族和士绅们的推崇。[②] 例如，沃里克郡伯爵托马斯·比彻姆共有四子，他将所有家族地产设置

---

① Henry Curson, *The Law Concerning Estates Taile, and Remainders and Reversions Expectant Thereupon, Illustrated. The Statute De Donis Conditionalibus, and What Estate of Inheritance May be Intailed, and What May not be Intailed: With the Conveniences and Inconveniencies, Arising Thereby, Explained and Demonstrated, the Doctrine of Perpetuities Fully Cleared*, London: Printed by the Assigns of Richard and Edward Atkins Esquires, 1703, pp. 7-10; K. E. Digby, *An Introduction to the History of the Law of Real Property: With Original Authorities*, pp. 214-215.

② Henry Curson, *The Law Concerning Estates Taile, and Remainders and Reversions Expectant Thereupon, Illustrated, The Statute De Donis Conditionalibus, and What Estate of Inheritance May be Intailed, and What May not be Intailed: With the Conveniences and Inconveniencies, Arising Thereby, Explained and Demonstrated, the Doctrine of Perpetuities Fully Cleared*, p. 15; Herbert Barry, “The Duke of Norfolk’s Case”, *Virginia Law Review*, Vol. 23, No. 5 (Mar., 1937), p. 539.

了限男嗣继承，其中家族核心地产由长子盖伊继承，由于盖伊没有男嗣，在他死后则依次转入活着的余子们。剩余三子也各自拥有少量限男嗣地产，规则同长子，目的是确保家产完整。[①] 第七任洛弗尔勋爵将位于 4 个郡的共计 8 个庄园和牛津郡的洛弗尔庄园以限男嗣继承的方式赠予第二子威廉，如果威廉绝嗣，则转入第三子，如果第三子绝嗣，则转入第四子及其男嗣。[②] 贝德福德郡的约翰·科克雅尼在 1417 年以 1000 马克的价格从爱德华·巴特尔手中买下比格尔斯韦德百户区科克雅尼·哈特利庄园，在该庄园设置了连续不断的限男嗣继承，共持续了三百年左右。[③] 这些案例体现了地产主对家产的长久控制，不中断的限嗣继承成为永业的最初模型[④]，它的发展在一定程度上对国王特权造成了威胁，由于限制了土地向（家）外的自由流动，所以受到普通法的反对[⑤]。

---

① Chris Given-Wilson, *The English Nobility in the Late Middle Ages: The Fourteenth-Century Political Community*, London: Routledge, 1996, pp. 141-142.

② J. P. Cooper, "Patterns of Inheritance and Settlement by Great Landowners from the Fifteenth to the Eighteenth Centuries", in Jack Goody and Joan Thirsk, eds., *Family and Inheritance; Rural Society in Western Europe, 1200-1800*, Cambridge: Cambridge University Press, 1976, pp. 314-315.

③ William Page, ed., *The Victoria History of the County of Bedfordshire*, Vol. 2, London: Archibald Constable and Company Limited, 1906, pp. 215-216.

④ 爱德华·科克爵士甚至认为"《限定继承法》在一定程度上创立了永业"，参见 Edward Coke, *The Reports of Sir Edward Coke Kt. in English: Compleat in Thirteen Parts, with References to all the Ancient and Modern Books of the Law*, Savoy: Printed by E. & R. Nutt and R. Gosling, 1727, p. 131。还有学者认为从《限嗣继承法》颁布到共同阻却法实施之前的这段时间内，不可阻断的限嗣继承实质上就是永业。

⑤ 除此之外，不利影响还如借贷者逃避贷款、叛国者无惧家产被没收、干扰土地自由买卖等。参见 Joshua Williams, *Principles of the Law of Real Property: Intended as a First Book for the Use of Students in Conveyancing*, Philadelphia: T. & J. W. Johnson & Co., 1872, pp. 43-44。

14—15 世纪的英格兰饱受战争的困扰[①]，经历了“百年战争”和“玫瑰战争”后，贵族的势力迅速膨胀，对王权构成了直接威胁。“玫瑰战争”结束后，爱德华四世着手通过一系列措施对王权进行巩固。在巩固王权的进程中，一个重要的措施就是通过司法的方式对不可阻断的限嗣继承进行阻拦，以达到削弱贵族势力的目的。[②]15 世纪末，王座法庭在亨特诉史密斯案（Hunt v. Smyth）[③]中否认了这种不可阻断的限嗣继承，法庭认为如果一方持有限嗣继承地产权，可以通过共同阻却法（common recovery）[④]来打破限嗣继承并且防止原限嗣继承地产权（fee tail）转变为自由继承地产权。这意味着设置限男嗣继承的地产受到了法律限制，地产主很难确保限嗣不会中断。该案之后，普通法法庭明确解除家产自由转让的限制，进一步确认自由转让的原则[⑤]，而地产主，特别是有贵族头衔的家族仍试图长久控制家产未来走向[⑥]，双方为

① Samuel Whitfield Thackeray, *The Land and the Community*, p. 27.

② 高富平、吴一鸣：《英美不动产法：兼与大陆法比较》，清华大学出版社 2007 年版，第 157 页。

③ 又称塔特拉姆案（Taltarum's case），该案详情可参见 Year Book, 12 Edward IV, 19, in K. E. Digby, *An Introduction to the History of the Law of Real Property: With Original Authorities*, pp. 220-223。

④ 所谓“共同阻却法”，即拥有限嗣继承地产（estate in tail）者为了阻却地产限嗣继承的性质以达到转让地产或在继承人之间均分地产的目的而采用的一种拟制诉讼程序。参见薛波主编：《元照英美法词典》，第 264 页。早在 1289 年，共同阻却法作为一种土地转让的方式被设计出来，目的是实现一定程度上的土地转让自由。在 1473 年塔特拉姆案中，这一技艺被明确用作打破限嗣继承。参见 Samuel Whitfield Thackeray, *The Land and the Community*, pp. 29-30。

⑤ 土地自由转让的原则是在 1290 年颁布的《土地买卖法》中确立的。*The Statutes of the Realm*, Vol. 1, p. 106.

⑥ Herbert Barry, “The Duke of Norfolk's Case”, p. 541.

之展开博弈。

控制家产的未来走向，也就是控制土地的未来权益，控制土地的未来权益的关键是控制剩余地产权。所谓“剩余地产权”，是指地产主在转让土地的同时指定土地受让人与后续继承人，土地受让人拥有终身地产权，后续继承人只有在土地受让人的终身权利结束后方能进占并享有土地权利，其法律术语为（to A for life, with a reminder to B）。例如，在希尔诉希尔的案件中，地产主将其投资所得资金购置的土地，以其长子 A 及 A 直系男嗣为终身地产权人，以次子 B 及 B 直系男嗣为剩余地产权人。[①] 在斯宾塞诉克拉克案中，某地产主将一块地产遗赠给亲属，以自己妻子为终身地产权人，以儿子及其后嗣为剩余地产权人。[②] 剩余地产权分为既定剩余地产权（vest reminder）和待定剩余地产权（contingent reminder），但地产主在分配地产之时很难确定剩余地产权的受让人[③]，因此能否保障待定剩余地产权人的土地权益，避免待定剩余地产权人的土地权益被前位地产权人（终身地产权人）侵占，成为家产能否长久、完整、沿血亲传承的关键。

那么，地产主如何实现对剩余地产权的控制呢？在实践中，

---

① William Peere Williams, ed., *Reports of Cases Argued and Determined in the High Court of Chancery, and Some Special Cases Adjudged in the Court of King's Bench*, Vol. 1, London: Law Printers, 1787, p. 290.

② John C. Lowber, ed., *Reports of Cases Argued and Determined in the English Courts of Common Law*, Vol. 7, Philadelphia: T & J. W. Johnson & Co., 1873, p. 252.

③ 比如，这个待定剩余地产权人是否为限嗣继承者的婚生子，是否能存活到规定实现权利的时候（例如年满 21 岁）等，无论是婚姻、医疗水平还是其他意外都可能令待定剩余地产权人最终获得家产存在风险。

中世纪后期英格兰的地产主们通常凭借用益（Uses）[①]来明确地产上的未来权益，以达到自由分配地产及控制地产未来归属的目的。用益是一种为他人利益而占有土地的财产转让技艺。在用益中，出让人为用益授予人（feoffor），占有土地的人为用益受封人（feoffees to uses），享受土地利益的人称为受益人（cestui que use）。[②]用益的常规模式是地产主将土地的普通法产权转交给用益受封人[③]，用益受封人需为了受益人的利益实际占有土地，受益人只享有收益而没有普通法产权，在某些情况下类似遗嘱[④]。地产主以用益之法转让土地，明确规定用益受封人必须严格按照自己的要求进行地产之未来权益的分配[⑤]，可以说正是通过用益受封人这个中间人来实现地产主操控地产的自由意志。例如，安东尼·米特福德将一块自由继承地产托管出去，以长子及长媳为受益人，

---

① 中世纪后期，常见的用益的模式有代际用益（intergenerational uses）、两次转让（grant and re-grant），或称为两次授予（feoffment and re-feoffment, enfeoff and re-enfeoff）以及附条件转让（conditional grant）。Joseph Biancalana, “Medieval Uses”, in Richard H. Helmholz and Reinhard Zimmermann, eds., *Itinera Fiduciae: Trust and Treuhand in Historical Perspective*, pp. 118-123.

② F. Pollock and F. W. Maitland, *The History of English Law before the Time of Edward I*, Vol. 2, p. 232.

③ 此时受托人多为亲朋好友，往往不止一人。直到19世纪，随着信托功用的转变，多由专门的、职业性的律师担任，受托人的报酬制度也逐渐形成。他们全面管理信托财产，而不仅仅类似代理的角色。参见 Chantal Stebbings, *The Private Trustee in Victorian England*, Cambridge: Cambridge University Press, 2002, pp. 34-39。

④ J. M. W. Bean, *The Decline of English Feudalism, 1215-1540*, p. 104; Michael A. R. Graves, *The Tudor Parliaments: Crown, Lords and Commons, 1485-1603*, p. 93.

⑤ Joseph Biancalana, “Medieval Uses”, in Richard H. Helmholz and Reinhard Zimmermann, eds., *Itinera Fiduciae: Trust and Treuhand in Historical Perspective*, p. 123.

以长子直系男嗣为剩余地产权人。[1]瓦尔登的安德鲁将斯坦福河畔的一座宅院、1卡勒凯特[2]土地和800英亩林地委托给用益受封人，以自己为终身地产权人，汉弗莱和托马斯享有剩余地产权。[3]兰开夏公爵根特的约翰为了照顾四名非婚生子女（因为他们无权继承父亲的地产），在1398年的遗嘱修改附录（Codicillus）中指示用益受封人为他与凯瑟琳所生的孩子们分配地产，并为了他们的利益占有地产。[4]哈斯廷斯勋爵托马斯·胡在遗嘱中提前规划道："……我指示用益受封人将沃特灵、布克斯泰普和布鲁克斯麦尔庄园的终身地产权益留给继母、归复地产权留给兄弟及其合法的继承人。……崴森、库克斯泰德和布鲁克斯麦尔庄园的收益由用益受封人负责收集起来，先支付债务，然后由妻子享有终身地产权益，在妻子权益终止后，由我跟妻子所生的继承人享有剩余地产权益……"[5]

彼时，用益未获得普通法的认可，因为用益可能会导致封君

---

① William Cruise, *A Digest of the Laws of England Respecting Real Property*, Brookfield, Mass.: E. Merriam & Co. Printers, 1823, p. 296.

② 卡勒凯特（carucata）指一把犁一年零一天能犁完的地。在数量上各地有所不同，大约在60至120英亩之间。参见薛波主编：《元照英美法词典》，第197页。

③ W. R. Powell, ed., *The Victoria History of the County of Essex*, Vol. 4, Oxford: Oxford University Press, 1956, p. 176.

④ James Raine, ed., *Testamenta Eboracensia: Or, Wills Registered at York, Illustrative of the History, Manners, Language, Statistics, &C., of the Province of York, from the Year 1300 Downwards*, Vol. 1, London: J. B. Nichols, 1836, pp. 236-239.

⑤ Nicholas Harris Nicolas, ed., *Testamenta Vetusta: Being Illustrations from Wills, of Manners, Customs, &C. as Well as of the Descents and Possessions of Many Distinguished Families. From the Reign of Henry the Second to the Accession of Queen Elizabeth*, Vol. 1, London: Nichols & Son, 1826, p. 273.

损失封建权益，以及产生大量欺诈行为，有损公平正义。当出现用益受封人损害用益授予人、受益人权益的现象时，后者的权益往往得不到相应的保护，寻求其他司法庇护势在必行。亨利五世统治时期（1413—1422年），受益人获得了衡平法的救济。[①]与普通法法院相比，衡平法程序更便捷、更便宜，也不容易受到地方势力的影响，对于人身及财产受到侵害的民众来说，衡平法程序是非常具有吸引力的。[②]面对日趋复杂、数量剧增的各类案件[③]，受益人普遍得到衡平法庭的救济，享有衡平地产权，于是形成了受托人拥有普通法地产权、受益人享有衡平地产权的二元地权结构。衡平法庭凭借对受益人提供保护而得到迅速发展。[④]用益的好处显而易见，不仅帮助委托人摆脱土地转移的限制，能够有效地控制家产流向，还可以规避各类封建役务以及避免因重罪或叛国而被剥夺财产。然而，因用益而出现的欺诈案件不断增多，损害了国王及其他领主的封建岁入。

近代早期，都铎王室财政日益紧张，价格革命引起的货币贬值、扩充海军军备以及对外战争的高额花费加剧了这一状况。

---

① James Barr Ames, “The Origin of Uses and Trusts”, *Harvard Law Review*, Vol. 21, No. 4 (Feb., 1908), p. 265.

② Margaret E. Avery, “The History of the Equitable Jurisdiction of Chancery before 1460”, *Historical Research*, Vol. 42, No. 106 (Nov., 1969), p. 134.

③ 例如在15世纪前40年，衡平法庭受理的用益案件增长了约7倍，参见J. M. W. Bean, *The Decline of English Feudalism, 1215-1540*, p. 171。

④ Margaret E. Avery, “The History of the Equitable Jurisdiction of Chancery before 1460”, p. 135.

1529 年，亨利八世的财政状况已处于极不稳定的状态。[①] 国王首先向存在已久的用益“开刀”，戴克勋爵案成为导火索。戴克勋爵托马斯·范恩斯是国王的直属封臣，他在生前拥有年收益为 1042 英镑 17 先令 1 便士的地产，分布在诺福克郡、肯特郡、埃塞克斯郡、苏塞克斯郡等地，除了与妻子联合持有的部分地产外（约价值 110 英镑 14 先令 10 便士），大部分地产以用益的方式被托管出去，并规定部分庄园以限男嗣继承的方式进行分配，受托人将管理土地直至继承人成年，之后再将土地转交给他。戴克勋爵于 1533 年 9 月 9 日去世后，继承人未支付任何继承金便获得了土地。这令亨利八世损失了不少，国王气愤不已，于是提起诉讼，要拿回这笔钱。地产主们利用他们在下院的力量，挫败了国王。“这次斗争彰显了在私人财产社会形成之时，地产主们利用政治权力保护他们的权益不受王室侵犯。”[②]

用益的受众之多、范围之广[③]，产生了很大的社会影响，国王

① Michael A. R. Graves, *The Tudor Parliaments: Crown, Lords and Commons, 1485-1603*, p. 93.

② James Gairdner, ed., *Letters and Papers, Foreign and Domestic, of the Reign of Henry VIII*, Vol. 6, London: Printed by Eyre & Spottiswoode, 1882, p. 649; J. S. Brewer, ed., *Letters and Papers, Foreign and Domestic, of the Reign of Henry VIII*, Vol. 4, London: Longman & Co., 1876, p. 2996; J. H. Baker, ed., *Baker and Milsom, Sources of English Legal History, Private Law to 1750*, p. 127; Margaret McGlynn, “Teaching the Law in a Time of Change: The Royal Prerogative and the Statute of Uses”, in Jonathan Bush and Alain A. Wijffels, eds., *Learning the Law: Teaching and the Transmission of English Law, 1150-1900*, London: The Hambledon Press, 1999, p. 219; Andro Linklater, *Owning the Earth: The Transforming History of Land Ownership*, p. 19.

③ 据推断，到 16 世纪整个英格兰大部分土地都以用益的形式存在，参见 John Baker, *An Introduction to English Legal History*, p. 213。

难凭一己之力将之禁止，于是颁布了信托发展史上非常重要的一部法案——《用益法》（the Statute of Uses）对用益进行改造。这部法案承认了大量的用益现象，通过将普通法所有权和衡平法所有权进行合并的方式，把用益纳入普通法的管辖范围内，目的是明确封臣和佃户对国王及上级领主的封建义务，减少他们的损失。[①] 具体做法是将用益受封人排除在外，把用益受封人的法定占有权（seisin）即普通法产权授予受益人，把受益人在用益中的衡平权利转换为普通法产权，被称作"用益的生效"（executing the use）。[②]《用益法》推行得不顺利，首先是因为它削弱了地产主通过用益遗赠土地的权力，与大众的实际需求不符，遭到了强烈反对。迫于压力，亨利八世在 1540 年颁布《遗嘱法》做出了妥协，希望通过给予自由持有人遗嘱处分不动产的权利[③] 而平息地产主对《用益法》的反对。但这份妥协相当有限，一方面，对订立遗嘱者的法律身份、遗赠的范围有限制；另一方面，并没有解决遗产的长久归属的问题。《用益法》推行得不顺利，其次是因为将用益中原本分离的产权合并给受益人并不容易，这既有实际执行的难度，也有法理解释的困扰，引起了普通法和衡平法法官们的争论，主要涉及受益人的选择、用益生效的时效、附带用益（contingent use）是否有效、待生效利益（executory interest）、用益受封人的

① 27 Hen. VIII. C. 10. in *The Statutes of the Realm*, Vol. 3, pp. 539-542.

② Graham Moffat and Gerry Bean, eds., *Trusts Law: Text and Materials*, p. 29.

③ 主要是以骑士役持有的地产，而且规定持有人仅能遗嘱处分其持有的三分之二的地产。参见 32 Hen. VIII. C. 1. in *The Statutes of the Realm*, Vol. 3, pp. 744-746。

“瞬息占有权”（scintilla juris）等许多问题。①

法学家们对《用益法》的解读和争论延续到了查德利案（Chudleigh's case），爱德华·科克爵士在判例报告中称之为“永久权案”（Perpetuities Case），弗朗西斯·培根在判例解读中多次提到“永业”一词，引发了大家对永业问题的关注。查德利案的简要案情如下，德文郡的理查德·查德利爵士有四个孩子，分别是克里斯托弗、托马斯、奥利弗和尼古拉斯。长子克里斯托弗犯有谋杀重罪并已逃往法国，查德利爵士害怕长子被判决为重罪而导致家族地产没收，于是在1557年设立用益提前规划家产去向，即将其地产以自由继承地产权委托给用益受封人，以自己及玛丽（克里斯托弗的母亲）所生的男嗣为受益人，在用益中引入五位已婚女子，规定与她们所生的男性继承人也成为受益人。爵士并非真的要与上述几位女子结婚，而是通过将其引入用益中来应对理查德结束限嗣继承之后可能出现的绝嗣问题。如果他再无子嗣所出，就以克里斯托弗长子（即爵士的长孙）为继承人，如果缺失长孙，则以克里斯托弗次子为继承人直至第十子；如果克里斯托

① 附带用益是指以附带事件的发生为依据而生效的用益，否则就无法通过《用益法》而生效。参见 William Blackstone, *Commentaries on the Laws of England: in Four Books; with an Analysis of the Work*, Vol. 1, Philadelphia: J. B. Lippincott Company, 1990, p. 267；“瞬息占有权”又称为“权利的‘火花’”，指在《用益法》颁布后，用益受封人因用益的生效而导致其损失权利，但用益受封人仍然保有一点自由继承地产权，虽然少但足以支持他在附带用益成熟时实现。参见 Alexander Mansfield Burrill, *A New Law Dictionary and Glossary*, Vol. 2, New York: Baker, Voorhis & Co., 1871, p. 442。培根认为用益受封人保留的瞬息占有权不容忽视，参见 James Spedding, Robert Leslie Ellis and Douglas Denon Heath, eds., *The Works of Francis Bacon*, Vol. 7, London: Longmans and Co., 1879, p. 636。

弗一系无男嗣，则转入次子托马斯一系，规则如前。如此，家产可世世代代留在该家族内。1578 年理查德爵士就去世了，正如他跟律师所预见的，他未与妻子或其他五位女子再有任何子嗣，同时克里斯托弗也避免被控告、定罪和没收家产，次年便以自由继承地产权的方式继承了家产。此后，克里斯托弗将部分地产转让，几经转赠到了约翰·弗莱恩手里，克里斯托弗去世后，其子约翰·查德利宣布继承地产后赠予威廉·迪龙，后者便进占了该地产，而约翰·弗莱恩也宣称享有地产权，于是双方产生了矛盾，迪龙控诉弗莱恩侵权。①

在该案中，普通法法官和衡平法法官虽然对理查德爵士所创制的附带用益及待生效利益等问题并未达成共识，但都认为理查德实际是制造永业。培根认为地产主试图在一系列继承人之间以遗赠的方式创建不可阻断的地产权，永业有很多缺陷②；科克也认为普通法规则将会阻止地产主使用“为了他人用益”（to use）转让地产而设计永久权的方式③，因为这与普通法的理性与原则相背

---

① Edward Coke, *The Reports of Sir Edward Coke Kt. in English: Compleat in Thirteen Parts, with References to all the Ancient and Modern Books of the Law*, pp. 120-122; James Spedding, Robert Leslie Ellis and Douglas Denon Heath, eds., *The Works of Francis Bacon*, Vol. 7, pp. 617-636.

② James Spedding, Robert Leslie Ellis and Douglas Denon Heath, eds., *The Works of Francis Bacon*, Vol. 7, pp. 631-636; John Campbell and Baron Campbell, *The Lives of the Lord Chancellors and Keepers of the Great Seal of England, from the Earliest Times till the Reign of King George IV*, Vol. 2, London: John Murray, 1846, p. 304; Charles J. Reid, Jr., "*The Seventeenth-Century Revolution in the English Land Law*", p. 266.

③ Allen D. Boyer, *Sir Edward Coke and the Elizabethan Age*, Stanford: Stanford University Press, 2003, p. 123.

离。[①]在16世纪末，“永业”这一术语首次正式出现在法律中。[②]对于普通法来说，永业的存在本质上是借助用益引入一种不受限制的、严格的限嗣继承，最终阻碍了土地的自由流动，这与普通法确立的自由让渡规则相矛盾，是一种违背“公共政策”（public policy）的设置。[③]因为永业会“妨碍土地的商业化、阻止土地在王国的流动，摧毁共同福祉”[④]。在永业的问题上，“衡平法追随普通法”（aequitas sequitur legem）认为这种地权永久化的设计由于难以受到限制将变得十分危险。1599年大法官埃杰顿宣称，任何永业都不会得到衡平法庭的救济，因为“（永业的存在）是与上帝对抗的”[⑤]。此时，无论是普通法还是衡平法都对永业持反对态度，反对地产主控制家产流动的规则也进一步发展了。

第三节　创设永业的失败与禁止永久权规则的提出

17世纪早期，地产主控制家产未来归属的信念与行动并没有

---

① Edward Coke, *The Reports of Sir Edward Coke, 1572-1617*, Vol. 3, London: Joseph Butterworth and Son, 1826, p. 335.

② Charles Sweet, “Perpetuities”, p. 72; John Chipman Gray, *The Rule Against Perpetuities*, p. 124.

③ W. S. Holdsworth, *A History of English Law,* Vol. 7, London: Methuen & Co. Ltd., 1925, pp. 91, 198.

④ Charles Viner, *A General Abridgment of Law and Equity, Alphabetically Digested under Proper Tittles*, London: Printed for G. G. J. and Robinson, T. Payne, E. and Brooke, 1793, p. 331.

⑤ W. S. Holdsworth, *A History of English Law*, Vol. 5, London: Methuen & Co. Ltd., 1924, p. 306.

因法律的反对而终结，也没有因为限嗣继承可能被打断而不再使用[①]。例如，菲利普·希德利爵士在遗嘱中将其所有庄园、土地、保有物、地租、附属权益等进行分配，以限男嗣继承的方式留给长子，如果绝嗣则转交弟弟罗伯特和托马斯及其男性继承人。[②]大文豪莎士比亚在失去儿子哈姆奈特后，在遗嘱中将许多财产留给女儿苏珊娜，他“精确”规划好任何可能继承的人，在女儿去世后这些土地归于她的婚生长子、然后是长子的长子，如果出现问题，则转给她的次子、第三子、第四子直至第七子，然后是未出生的外孙。[③]纳撒尼尔·培根爵士在1614年6月4日的遗嘱中写道，将其位于斯蒂夫基、兰厄姆、莫斯顿和其他邻近城镇的所有土地委托给遗嘱执行人进行管理，大女儿安·汤森夫人作为受益人享有上述地产每年350英镑的收益，以她的继承人为剩余地产权人。如果她绝嗣，则转给二女儿克尼维特夫人和她的继承人及三女儿温妮弗莱德夫人和她的继承人。[④]17世纪英国爆发了革命，这是英国历史上的转折点，王权与议会的关系发生变化，英国走向宪政之路。在革命期间，大量的王党地产、王室地产及教会地产被没收、出售和流转。许多王党成员为了防止家族地产受到损失，提

---

① Lloyd Bonfield, “Marriage Settlements and the ‘Rise of Great Estates’: The Demographic Aspect”, p. 484.

② Arthur Collins, *Letters and Memorials of State: In the Reigns of Queen Elizabeth, King James, King Charles the First, Part of the Reign of King Charles the Second, and Oliver’s Usurpation*, Vol. 1, London: Printed for T. Osborne, 1746, pp. 109-110.

③ Andro Linklater, *Owning the Earth: The Transforming History of Land Ownership*, p. 36.

④ Great Britain Public Record Office, *Calendar of State Papers, Domestic Series, of the Reigns of Elizabeth and James I, 1580-1620*, London: Longmans & Co., 1872, p. 542.

前安排了地产的未来权益以实现自己对家产的长久控制。例如，休·乔姆利爵士早在1640年就将惠特比庄园及其他大部分地产委托给值得信任的兄长和朋友，以自己长子威廉为受益人，威廉仅能享有地产上收益却不实际占有地产，避免家产被没收。[①] 议会于1652年8月4日颁布的一项因犯叛国罪而没收地产的法案，涉案者共29人。爱德华·里德克里夫爵士便是其中一位。[②] 但他提前设置了限嗣继承，之后通过筹集资金赎回了地产。[③] 在兰开夏，大部分王党乡绅正是提前设置了限嗣继承，规划好地产的未来权益，才免于被永久性出售地产。[④] 地产主这种颇有"远见"的长久控制地产的行为无疑是有效的，尽管经过革命的洗礼，但土地利益阶层并未受到重创。

随着查理二世复辟成功，为了取得议会支持，他颁布了《保有制法》，取消监护法庭、军役保有制及封建附属义务，封建制度在英国衰落了。《用益法》颁布的目的原本是避免地产主以用益的方式私自转移土地而导致国王及某些大领主的封建利益受损，随着封建制度的衰落，此后阻碍用益的司法基础便不复存在了。在大量的用益实践中，三类原本不为《用益法》所认可的用

---

① Anon., *The Memoirs of Sir Hugh Cholmley*, 1870, pp. 43-44.

② C. H. Firth and R. S. Rait, eds., *Acts and Ordinances of the Interregnum*, Vol. 2, pp. 591-598.

③ Joan Thirsk, ed., *The Agrarian History of England and Wales*, Vol. 5, Part 2, Cambridge: Cambridge University Press, 1985, p. 151.

④ B. G. Blackwood, *The Lancashire Gentry and the Great Rebellion, 1640-1660*, pp. 121-122.

益转化为信托（Trust），分别是在非自由持有地产上设置的用益（non-freehold use）、积极用益（active use）和双重用益（use upon use）[①]。所谓“信托”是一种为他人利益而管理和处分财产的制度，由三方（委托人、受托人和受益人）权利与义务关系构成，包括财产管理与财产转移两大基本功能，是英美法系中最具特色的内容。在信托中，受托人的普通法地产权和受益人的衡平法地产权再度分离，并受到衡平法庭的保护，“所有权的区分”成为信托的显著特征。

信托的产生意味着中世纪的用益不但没有被“消灭”，反而形式更为多样、规模更为壮大，地产主对地产的自由处分程度更高了。在新时代，信托不再像用益那样被视为摆脱封建束缚的工具，而是更为广泛地应用于家族财产的管理中。此后，信托被广泛引入严格授产制（strict settlement）中，用于保障限嗣继承的完整性。具体做法是地产主将限定的土地（settled land）委托给受托人，作为委托人的地产主便放弃了自己拥有的普通法地产权，受托人获得了委托人的普通法地产权，为了受益人的利益而持有土地并负有积极管理之责。受益人包括终身地产权人及剩余地产权人，他们并不直接占有土地，享有衡平地产权，其中终身地产权人也就是限嗣继承者享有的土地权益仅限于终身，在其终身权利终止后土地权益为待定剩余地产权人所得。将信托运用到严格授产制的目的在于限制终身地产权人的权力，防止他们将终身权益转换为

① Graham Moffat and Gerry Bean, eds., *Trusts Law: Text and Materials*, p. 29.

绝对处置权，进而保障待定剩余地产权人的权益[①]，确保地产在家族血亲内传承。例如，在莫尔诉帕克案中，地产主将地产的终身地产权授予给长子，并以长子婚内的连续男嗣为剩余地产权人，自己则保有自由继承地产的归复权。[②]在多尔切斯特爵士诉埃芬厄姆伯爵案中，多尔切斯特爵士将其部分地产设置为限男嗣继承，以自己在世的儿子为终身地产权人，以长孙及其他孙子们为剩余地产权人，自己保有通过遗嘱重新设置信托的权利。[③]在1661年格里戈诉霍普金斯案中，地产主以90年期限遗赠给长子W，W的男性继承人享有剩余地产权，如果W绝嗣，则以90年为期转入其兄弟G，G的男性继承人享有剩余地产权。[④]纳撒尼尔·培根爵士将赫姆斯比庄园进行分配，以妻子为终身地产权人，以长子及其继承人为剩余地产权人并限男嗣继承，如果长子绝嗣则转给女儿

---

① William Blackstone, *Commentaries on the Laws of England*, Vol. 1, New York: W. E. Dean, 1847, pp. 135-136; Eileen Spring, *Law, Land and Family: Aristocratic Inheritance in England, 1300-1800*, p. 141; A. W. B. Simpson, *A History of the Land Law*, pp. 235-236; M. R. Chesterman, "Family Settlement on Trust: Landowners and the Rising Bourgeois", in Gerry R. Rubin and David Sugarman, eds., *Law, Economy and Society, 1750-1914: Essays in the History of English Law*, Abingdon: Professional Books, 1984, p. 129.

② Charles Petersdorff, *A Practical and Elementary Abridgment of the Cases Argued and Determined in the Courts of King's Bench, Common Pleas, Exchequer, and at Nisi Prius, and of the Rules of Court*, Vol. 3, New York: Published by W. R. H. Treadway and Gould & Banks, 1831, p. 176.

③ William David Lewis, *A Practical Treatise on the Law of Perpetuity, or, Remoteness in Limitations of Estate: As Applicable to the Various Modes of Settlement of Property, Real and Personal, and in Its Bearing on the Different Modification of Ownership in Such Property*, pp. 583-584.

④ W. Nelson, *Lex Testamentaria*, Savoy: Printed by E. & R. Nutt and R. Gofling, 1724, pp. 301-302.

伊丽莎白·克尼维特夫人和她的继承人。[1]某地产主有一个儿子和四个女儿，他在遗嘱中对家产进行规划，将自己拥有的一些自由继承地产以终身地产权的形式给儿子，四个女儿享有剩余地产权，如果儿子未婚无嗣而终，该地产则转由女儿们继承。如果儿子已婚无嗣而终，则要待儿媳去世后再转由女儿们继承。[2]

光荣革命后，英国进一步确立了议会主权、王在法下的宪政原则，在议会与国王进行博弈的同时，议会内部也逐渐改变了上院独大的局面，下院实力不断增长，议员的选举多由有产者掌握。对于贵族来说，无论是以拥有上院议员资格还是以控制下院议员选举及地方公职来源的方式获得政治权力，都需要以占有连续不断、充足的地产为保障[3]，因此，不难理解为何获取土地并将土地牢牢控制在家族内部成为当时地产主的追求。再以士绅为例，从占有地产规模来看，1436 年约占有英格兰土地面积的 25%，到 1688 年则占到45%—50%。[4]经过英国革命时期地权再分配后，占有了相当一部分地产的士绅试图保障手里的土地，更不用说那些土地贵族了，他们通过引入信托为保障的严格授产制“趋向于制

① Great Britain Public Record Office, *Calendar of State Papers, Domestic Series, of the Reigns of Elizabeth and James I, 1580-1620*, p. 542.

② *The English Reports*, Vol. 22, Edinburgh/London: William Green & Sons/Stevens & Sons, 1902, pp. 285-286.

③ M. R. Chesterman, “Family Settlement on Trust: Landowners and the Rising Bourgeois”, in Gerry R. Rubin and David Sugarman, eds., *Law, Economy and Society, 1750-1914: Essays in the History of English Law*, p. 130.

④ C. G. A. Clay, *Economic Expansion and Social Change: England 1500-1700*, p. 143.

造永业”[1]。通过严格授产制实现地产长久控制权的行为在有产者中非常普遍，例如，在班克斯诉勒德斯潘瑟案中，勒德斯潘瑟勋爵拥有一块古老的男爵领，他将该自由继承地产委托给受托人，自己享有终身地产权，长子及男嗣享有剩余地产权，目的是创设永业。在米尔斯诉哈福德案中，订立遗嘱者将其在英格兰伍斯特郡的自由持有地产以严格授产的方式授予第三子及其男嗣，规定第四子及其男嗣享有剩余地产权；将位于威尔士卡的根郡的自由持有地产以严格授产的方式授予第四子及其男嗣，规定第五子及其男嗣享有剩余地产权[2]。在卡里克诉厄灵顿案中，爱德华·厄灵顿在诺森伯兰郡持有一些自由继承地产，他将该自由继承地产委托给受托人，自己享有终身地产权，以自己长子一系中的连续男性继承人为剩余地产权人，目的也是能在去世后控制地产。[3]在格利特诉利福特案中，地产主将家产设置为妻子享有终身地产权，受托人享有剩余地产权，目的是通过受托人将剩余地产权保持在儿子及其直系男嗣中。[4]某地产主有三个儿子 A、B 和 C，他将地产

① William David Lewis, *A Practical Treatise on the Law of Perpetuity, or, Remoteness in Limitations of Estate: As Applicable to the Various Modes of Settlement of Property, Real and Personal, and in Its Bearing on the Different Modification of Ownership in Such Property*, p. 588; Graham Moffat and Gerry Bean, eds., *Trusts Law: Text and Materials*, p. 51.

② John Mews, *The Digest of English Case Law Containing the Reported Decisions of the Superior Courts: And a Selection from Those of the Irish Courts [from 1557] to the End of 1897*, Vol. 10, London: Sweet and Maxwell, 1898, pp. 980-981.

③ William Peere Williams and Samuel Compton Cox, eds., *Reports of Cases Argued and Determined in the High Court of Special Cases Adjudged in the Court of King's Bench,* Vol. 2, London: Printed by A. Strahan and W. Woodfall, 1793, pp. 360-361.

④ W. Nelson, *Lex Testamentaria*, p. 302.

遗赠A，A享有终身地产权，剩余地产权归A的子嗣，但限男嗣继承，即由A的长子、次子、第三子……依次继承；如果A没有男嗣，地产则转入A的弟弟手中，规则如前。[①] 某地产主在去世前对他所有的地产和不动产进行安排，将这些财产遗赠给妻子，仅限于终身，如果在其去世时有孩子，那么孩子就享有剩余地产权；如果绝嗣，这些财产将平均分给自己的兄弟姐妹托马斯、安瑟尼、约翰和琼。[②] 这些实践表明，地产主有着趋同的价值取向和管理财富的风格[③]，他们希望在去世后对家产进行控制，既保障家产在血亲内有效分配、分担风险，又兼顾了家庭成员的情感和利益。

地产权永久化的直接后果就是阻碍了土地的自由流动。是将土地限制在家内还是促进其自由流动再次引起关注，在地产主试图长期控制家产和法律限制这种控制权之间，矛盾达到了高潮，"诺福克公爵案"（the Duke of Norfolk's Case）成为一个爆发点。阿伦德尔和萨里伯爵亨利·弗里德里希·霍华德有六个儿子，分别是长子托马斯（精神失常）、亨利、查理、爱德华、弗朗西斯、伯纳德。早在1647年，伯爵便着手计划分配家内的地产，将格雷斯托克庄园和其他一些土地委托给受托人（多赛特伯爵等人），在自己与妻子在世期间时，以伯爵为受益人，也就是终身地产权

---

① *The English Reports*, Vol. 22, pp. 286-287.

② Nicholas Simons, John A. Dunlap, E. Fitch Smith, Nathan Howard and John Lawyer Hanes, eds., *Reports of Cases Decided in the High Court of Chancery*, Vol. 16, New York: Banks Gould & Co., 1863, p. 654.

③ M. R. Chesterman, "Family Settlement on Trust: Landowners and the Rising Bourgeois", in Gerry R. Rubin, David Sugarman, eds., *Law, Economy and Society, 1750-1914: Essays in the History of English Law*, p. 130.

人（life tenant），六个儿子为剩余地产权人。如果伯爵去世，长子托马斯填补伯爵在地产权益线上的空位，即托马斯及其男嗣将继承伯爵头衔及其附属地产，托马斯的弟弟们及其各自的男嗣享有剩余地产权，为了照顾弟弟们的生计，约定托马斯在世时就由受托人累积一些地产收益给他们。如果托马斯无嗣而亡，则由亨利继承伯爵头衔及领地，弟弟们及其男嗣享有剩余地产权，亨利需要照顾弟弟们的生计。如果亨利无嗣而终，伯爵头衔及领地则给第三子查理……一直到伯爵的最后一个儿子。伯爵于1652年去世，托马斯继承了地产，1662年国王查理二世恢复了霍华德家族的诺福克公爵的封号（该封号曾于1554年被褫夺），托马斯成为诺福克第五任公爵。但托马斯在1677年没有留下男嗣便离世了。之后，伯爵的第二子亨利依次继承了公爵头衔，成为诺福克第六任公爵。其实早在1675年，也就是托马斯去世前两年，地产的普通法产权已经在名义上转移给亨利了。托马斯去世后，亨利想独吞地产，于是通过共同阻却法保护自己的占有状况，以阻止弟弟们实现他们的权益。三弟查理到衡平法庭发起诉讼，希望执行协议的条款，亨利声称查理的土地权益实质上是永业，所以是无效的。[①]

“诺福克公爵案”以原告败诉而告终。普通法反对地产权利永

---

① Anon., *The Duke of Norfolk's Case, or, The Doctrine of Perpetuities Fully Set Forth and Explain'd*, pp. 17-18; Robert Richardson, *The Law of Testaments and Last Wills*, Savoy: Printed by Henry Lintot, 1744, pp. 97-98; Charles J. Reid, Jr., *"The Seventeenth-Century Revolution in the English Land Law"*, pp. 268-272; Herbert Barry, "The Duke of Norfolk's Case", pp. 546-547.

久化，一方面是因为永业限制了土地流转；另一方面是基于土地法定占有权的理念，受托人享有普通法的占有权，永业的存在将会导致占有归属未定状态的出现，从而产生占有的混乱和欺诈性的土地交易，引发纠纷。[①]衡平法庭大法官诺丁汉爵士提出了“禁止永久权规则”以应对地权永久化问题。所谓“禁止永久权规则”是指为了使一项未来权益合法有效，在设立该未来权益或立遗嘱人死亡后，应当在一定时效内实现受益人对该土地权益的占有，因为只有确定的利益（vest in interest）才是有效的。永业的一个很大的问题在于，究竟是谁，将在何时才能真正实现土地利益的占有。以诺福克公爵案为例，作为土地出让人的伯爵以自己为受益人，规定自己去世后儿子们及其子嗣才能依次享有土地权益，但是伯爵不能预测自己什么时候去世，那么究竟是哪一个儿子进占土地的时间就不确定；儿子们是否能结婚，是否有子嗣，他们是否能在活着的时候继承土地、享受权益等也是不确定的。所有这些不确定性都可能导致土地占有的失败。

那么，永业合法存在的时效是多少呢？诺丁汉爵士并未给出一个准确的数字。[②]此后在数代法官判案的基础上，才形成了较为一致的观点，最终在1833年的卡戴尔诉帕默案中确立下时效的界限，即必须于活着的参照人（life in being）终身（如果是胎儿，还

---

① W. S. Holdsworth, *A History of English Law,* Vol. 7, p. 184.

② “The Lord Chancellor Nottingham’s Arguments”, in Anon., *The Duke of Norfolk’s Case, or, The Doctrine of Perpetuities Fully Set Forth and Explain’d*, p. 27.

需算上妊娠期）加上21年之内，令该未来权益生效[①]，也就是在参照人去世后21年之内必须明确土地利益的归属，目的在于减少因未来权益不确定性而产生的一系列问题。禁止永久权规则实质是阻止某人在死后仍能通过遗嘱或契约长久地控制家产，也就是反对地产主的长久控制。这种反对永业的观念是源于自然法，人类不像上帝，拥有预见未来的所有能力，永业的设立实质是与上帝理性相悖，也"违反了法律之理性和政策"。可以说，禁止永久权规则的提出体现了法律的妥协，虽然反对地产主在家产分配中拥有至高无上的权力与权威，但既没有否认地产主的遗嘱处分权，也没有完全否认地产主对家族地产未来权益的控制力，而是认为地产主的权力不宜过大，设置地产的未来权益不宜过久，需要有个期限进行限制，也就是终身加上21年。当时的法官们认为只要阻止地产主一次性授予某人太过长久的未来性地产权益，就可以解决永业的问题。[②]

① *The English Reports*, Vol. 5, Edinburgh/London: William Green & Sons/Stevens & Sons, 1901, p. 746. 该案例详情可参见 pp. 745-759。

② "The Lord Chancellor Nottingham's Arguments", in Anon., *The Duke of Norfolk's Case, or, The Doctrine of Perpetuities Fully Set Forth and Explain'd*, p. 6; D. E. C. Yale, ed., *Lord Nottingham's Chancery Cases*, Vol. 2, London: B. Quaritch, 1957, p. 908; Dennis R. Klinck, *Conscience, Equity and the Court of Chancery in Early Modern England*, London & New York: Routledge, 2010, p. 243; A. W. B. Simpson, *A History of the Land Law*, pp. 226-228; Henry Curson, *The Law Concerning Estates Taile, and Remainders and Reversions Expectant Thereupon, Illustrated. The Statute De Donis Conditionalibus, and What Estate of Inheritance May be Intailed, and What May not be Intailed: With the Conveniences and Inconveniencies, Arising Thereby, Explained and Demonstrated, the Doctrine of Perpetuities Fully Cleared*, p. 102.

小 结

家产的分配是一家之主对个人及家庭财产进行配置的方式，理论上只有活着的人才有权分配家产，当去世后，逝者便失去了对一切的控制。在前工业社会时期的英国，地产主属于社会中的精英和土地利益阶层，土地保有制和法定继承规则限制了地产主生前的遗嘱处分权和死后的家产控制权，使他们无法有效规避家产分散、流失的风险。地产主通过创设永业试图保障地产在家族内部的传承，构建了一种“永久性的家族地产权”，实现了控制家产走向、保持家产完整、维系家族荣耀与利益的主观意愿，同时在客观上获得了对其他家庭成员进行补偿的机会，达到了对法定继承规则之不平等性的纠正，满足了兼顾其他家庭成员生计和情感的个体化需求。

地产主阶层之所以能创设出永业，是由英国法的特色决定的，即普通法允许对土地的地产权（estates in land）进行分割，特别是在时间维度上进行分割，于是产生了家族内几代人可依次享有地产上的现实占有权益和未来权益的情况，为地产主在去世后仍能够控制家产的走向提供机会。以一个简化的永业运作模式为例，地产主 A 将自己拥有的自由继承地产在家族内分配，A 作为该地产的出让人（授予人）将之委托给受托人 T，T 需严格按照 A 的指示进行地产及其收益的分配。A 在该地产上设置限嗣继承条件，B 享有终身地产权，C、D、E…… 为该地产的剩余地产权人，依次享有剩余地产权。当 B 去世后，由 C 在此地产权益链条上补位……一直到 A 规划的最后一个人，以实现 A 将地产永久留在家族内部的意愿。在此模式中，B 作为终身地产权人，虽然可以享有收益，但无权出售、出租、交换、抵押等，更不用说那些剩余地产权人，每个人的地产权都不是完整的。

通过这种设计，地产主会在很大程度上控制土地流转和家族命脉。从 17 世纪末到 19 世纪，普通法最终确立禁止永久权规则对之进行规范。这是因为：首先，永业并非完美的设计，创设永业的地产主本就不具备“上帝之理性”，在具体的实践中有太多不确定性因素，一旦后嗣中有任意挥霍者，家族地产还有可能被提前消耗，违背了创设永业的初衷。其次，从地产主创设永业的后果来看，永业使在产权链条上的地产权益人受到了限制，被分割的地权降低了产权的激励功能；家族地产长期处于地产主的控制之下，远离市场和竞争，将难以实现其效用，社会财富因此可能被闲置，不利于经济的发展和社会福利的增进。再次，禁止永久权规则兴起的时代既是土地财富仍具有重大价值的时代，也是资本主义兴起和社会大变革的时代，它所反映的法律政策是反对地产主长时段地阻碍家内土地的流动，反对家内土地被拒于市场之外。换言之，禁止永久权规则符合处在上升期的资本主义经济的发展趋势，土地的商品化趋势不可逆转。最后，创设永业的地产主与提出禁止永久权规则的法官们的立场看似矛盾，但提出并通过这一规则的法官们本身也是地产主，他们通过妥协之法调和双方的矛盾，是一种求稳的改革思路，目的是消弭永业的缺陷，维持土地利益阶层的根本利益。

禁止永久权规则正式确立之时恰逢英国议会进行大规模的土地法改革，关于不动产的立法最为活跃，主要集中在争取土地的自由转让和扩大土地持有人的权利等方面，这是英国私有土地产权确立的关键步骤。立法者们认为土地权利的可转移性将会使土地资源得到高效的利用，通过立法可以降低土地交易成本以及最小化转移土地权利的成本，有助于形成有效的最终配置。通过19世纪颁布的一系列地产法案，终身地产权人逐步获得了出售、交换、出租、抵押等权限，在实践中对地产的占有越来越接近于事实上的绝对处分权。最终在1925年颁布的《财产法》和《限定土地法》中，终身地产权人获得了合法的土地占有的绝对处分权（fee simple absolute in possession）。[①] 正如在上述模式中的B，其权益从有限到完整、从终身地产权到绝对处分权的演变过程即为英国法中私有地产权形成的过程。此前，A将地产委托给T，由T分配给B（获得终身地产权）再到C、D、E……（获得剩余地产权），C、D、E……他们只享有信托中的衡平地产权。此后，家产的传承不再是通过在地产权链条上补位的方式进行，而是B不用受A的限制，独立地将产权完整地给C或其他人。在实际获得地产之前，C、D、E……的权益只能作为衡平权益存在，不能转化为法定地产权，否则就跟B的产权冲突了。从这个意义上讲，一旦B获得了私有产权，近代早期的永业——作为限制家内地产转

① 法案原文可参见 Settled Land Act 1925, https://www.legislation.gov.uk/ukpga/Geo 5/15-16/18/contents; Law of Property Act 1925, https://www.legislation.gov.uk/ukpga/Geo 5/15-16/20/contents。

让的特殊方式——便失去了灵魂，A 再也无法控制家产走向了。

与此同时，作为法律制度的遗产——禁止永久权规则保存下来了，用以规范信托中的未来待定权益，这反映了法律既尊重产权人之意愿，又需要明确该意愿的执行有一个临界点。仍以上述的 B 为例，作为私有产权人的 B，他享有绝对的、排他的土地权利，在处理未来权益时他同样享受自主选择权，而不用受到任何人的制约。在 B 遗赠土地之时，只要在合法的时效内（活着的参照人 +21 年）能够明确权益人，这个遗赠就是有效的，法律就不会干预。但如果在未来不能明确权益人，法律便会干预。假定 B 设立一个信托，将地产给予"长女的第一个成为医生的孩子"。B 的这个设计有两种可能性，首先，"第一个成为医生的孩子"是否在长女有生之年出生，即满足活着的参照人这个条件；其次，即便这个孩子有可能在长女有生之年出生，但却不一定能在长女去世后的 21 年之内成为医生。因此，这个将地产赠予"长女第一个成为医生的孩子"的设计从一开始就是无效的。那么，法律会敦促 B 来尽快确定权益人，而不是剥夺 B 的遗赠权。由此，我们可以看出法律既尊重 B 的私有产权，同时又对这个权利采取一些限制措施，目的是"避免其违反公共政策或超出法律许可的范围"[①]。换言之，出于公共政策的考量，法律不允许信托财产的最终所有人长期处于不确定的状态。

英国法对个人土地产权既保护又限制的做法具有本土特色。

---

① Bernard Rudden, *The Law of Property*, Oxford: Oxford University Press, 2002, p. 184.

在英国，地权不是建立在大陆法系中“所有权”的基础之上，而是建立在普通法中土地保有及“法定占有权”的基础之上。20世纪之前，理论上只有英王才是土地所有人，其他人只是占有土地并享受权利，共同分割了土地的地产权，普通法及衡平法会保护同一块土地上不同人的法定占有权及衡平地产权不被侵犯。相应地，由于人们拥有的地产权都不是完整的，或在行使占有权时有违背法规、法理之举措（例如地产主设计的永业），因而都将受到法律限制。无独有偶，19世纪末以降，随着西方社会经济基础的变化，社会化程度不断加深，大陆法系确立的财产权观念也相应发生变化，即从私有财产神圣不可侵犯逐渐发展为在保护私有财产的基础之上同时对其进行不同程度的约束。在对待产权的态度上，英国法与之形成共振，这种对产权既保护又限制的理念成为现代西方财产权理念的重要源泉之一。至今，英国法律中的禁止永久权规则已从判例规则演变为立法规定，并扩散到受英国法影响的地区，成为财产法中不可或缺的规定。

结 语

诺曼征服后，英国进入封建时代，国王作为最高统治者，将土地分封给直属封臣，双方缔结了封君封臣关系，形成了以封土换军事役务的制度。封土制与封君封臣关系共同构成了封建主义的两大核心支柱，而军事法律色彩则成为早期封建主义的重要特征。封建关系借助封土再分封得以不断复制，基于土地衍生出来的权利关系和社会关系是封建主义的产物。在封建社会中，土地流转并非纯粹的经济行为，还体现了流转者的法律权利，蕴含了土地的超经济属性。

封建模式的延续需要以充足的土地为基础，土地分封不可避免产生离心力，因此迫切需要一种规范分封者与受封者之间权利与义务的制度，于是产生了具有英国特色的土地制度——土地保有制。到12世纪，普通法开始区分自由持有地和不自由持有地这两类佃领地。随着土地保有性质的不断规范，在法律区分两类佃领地的基础上，以土地保有人履行封建役务是否具有确定性为标准，可分为不自由保有制和自由持有保有制，这种划分并非依据保有人的实际经济状况，而是基于持有土地的法律类型。封君封臣关系本因封土授予而缔结，封君借助土地保有制管理封土占有状况，不仅为了获取封建经济利益，还有控制以土地封授为基础的封君—封臣、领主—附庸关系，实现维护封建社会稳定的目的。封臣附庸却因此受到束缚，不能自由流转土地。

在实践中，早在13世纪，英格兰乡村地区就存在土地交易市场，土地流转的现象并不少见。领主借助封土再分封不仅可以转让土地，还可以出租土地获得地租。频繁地封土再分封使封君封臣关系日趋混乱，加剧了地权分离的状况。为了保障军事役务，以钱代役（盾牌钱）逐渐流行并成为定制，这导致封建人身依附关系松动，封土流动愈加频繁。如果封土不受控制地自由流动，封君的封建权益将难以得到保障，军事役务难以得到履行，封建秩序只会更加不稳固。屡禁不止，不如主动出击。有鉴于此，在13世纪末以国王为首的封君促成了土地自由让渡的规则，但仅允许部分自由持有地在有限的范围内自由流动。封君借助立法确立土地自由流转的规则不是为了促进土地流转，而是为了控制土地流转以减少土地占有权混乱并维系封建关系。社会变革在底层同样得到体现，农民之间的土地交易现象也频频发生，土地流转是在领主管控下的土地让渡形式，并不能改变人们保有土地的法律性质，不能规避和减少土地上附着的封建役务。

随着商品货币经济的发展、黑死病对社会的剧烈冲击以及英法长期争战，既有的封建军事服役制度难以维系，土地流转的控制也难以实现。尽管以封土为纽带的封君封臣关系并未消亡，但以货币支付为特征的扈从契约逐渐发展起来，成为“以土地为基础的封建主义的另外一种形式，是中世纪英格兰社会秩序的不可分割的组成部分”[①]，不少学者把中世纪后期封建主义的演变称为“变态封建主义”。土地逐渐被视为一种“商品”进行交易，土地的法律属性逐渐被淡化，土地流转不再是封建役务的替代和转移；土地的商品化程度日益提高，土地流转逐步超过家内的范围。

当黑死病浪潮退潮之后，英国人口数量回升，农产品价格上涨，土地价值攀升，民众对于土地的需求越来越强烈，土地的利用效率不断提高。农地耕作面积不断扩张，维生农业开始让位于商业化农业，逐步改变了14、15世纪时期的状况。土地分配失衡伴随着农业雇佣劳动者的人数增加，农民生活水平下降，农村社会各阶层之间的收入不平等状况日益加剧。[②]研究者甚至认为在1500年到1640年间英国发生了“土地革命”，自给自足的农民经济被资本主义农业取代。[③]

这一时期的英国处于由封建王国向民族国家转变的重要阶段。宗教改革之前，教会不仅是民众的精神权威，亦是王国二元政治权力结构的重要组成部分。国家控制和教会控制是社会控制的重要方式。亨利八世借助议会的力量进行宗教改革，打破了中世纪以来王权与教权相对平衡的状态，改变了教会和国家关系，确立了王权在教俗两界至尊的地位，国家控制成为显要方式。凸显国

① Douglass C. North, John Joseph Wallis and Barry R. Weingast, *Violence and Social Orders: A Conceptual Framework for Interpreting Recorded Human History*, p. 95.

② Joan Thirsk, ed., *Agrarian History of England and Wales*, Vol. 4, p. 593.

③ D. M. Palliser, *The Age of Elizabeth: England under the Later Tudors*, p. 178.

王权威、加强国王权力是新君主制的重要表征。教会曾占据英国全部土地的 1/4 到 1/3，是最为富裕的土地持有方。都铎王朝君主解散并拍卖教会土地，不仅为了获取经济利益，还视之为增强权威的重要手段。教会土地流入市场，充实了土地流转市场，改变了土地占有结构，冲击了政治权力构成，还对农业生产经营方式产生了深刻的影响。

当教俗权力之争落下帷幕后，国王与议会对国家主权的争夺成为英国政治生活的重要议题，英国革命是双方冲突难以化解的表现。从革命参与者的成分及政治取向来看，王党和议会党均由不同财产状况的土地持有者构成，并未有本质区别。随着国王及王党在革命中失利，大量王室地产、主教地产及王党地产被议会拍卖。从土地流向来看，王室与教会地产进一步缩水，而王党成员的地产在革命后多被赎回，土地仍然掌握在地主手中。议会取代国王掌握了国家主权，废除了军役保有制，消弭了封建主义对土地流转的限制，巩固了土地与政治权力挂钩的原则，逐渐形成了土地利益阶层，其影响力一直延续至 20 世纪初。

革命期间家庭内部土地处置方式的革新不仅避免了家族地产被永久性没收，还对英国社会产生了深远影响。由于土地不仅是家产分配与继承的主要载体，也是进入议会和政府的门槛条件以及获取选邑的基础，因此占有并控制一定规模的土地有助于地主获取政治权力与维系社会声誉。在不同的历史阶段，地主借助用益信托，通过严格授产制实现对家族地产的长久控制，进一步巩固了土地利益阶层的掌权地位。通过土地交易和土地在家族内部的巩固，大量土地为世俗地主所控制，对大地产的形成产生重要影响。

土地的买卖、租赁是持地者享有的土地权利的体现。理论上只有国王对英国土地拥有所有权，无论贵族、教士是通过封赐、垦殖还是其他方式获得土地，都只享有土地使用收益权。加之形成了以时效划分土地权利的普通法地产权规则，于是在实践中产生了同一块土地的拥有者、使用者、受益者并不统一的现象。到近代早期，按照保有土地的性质，可以将持有土地者分为自由持有人、公簿持有人和租赁持有人。在实践中，土地持有人的法律身份往往与其土地实际占有情况存在差异。自由持有人可以同时持有自由持有地、公簿持有地和租赁持有地，也可以持有其中两种类型的土地。公簿持有农和租赁持有人亦是如此。

不同法律类型的土地持有人进行土地交易的方式也各有不同，这是由其持有的土地类型所决定的。一般来说，自由土地持有人，特别是持有自由继承地产者享有最完备的土地权利，可以自由地买卖、出租和遗赠。公簿持有农往往以让渡的方式来进行交易，可继承的公簿持有农是公簿持有农中享有权利最高者，可继承、可出售其地产。其他类型的自由持有人和公簿持有人的土地流转就受到更多的限制。许多租赁持有人不满足于承租土地，还会以租赁之名行买卖土地之实，借助特殊的受益性租赁、先租后买、出租并放弃、长达千年的租赁等方式实现。

在土地流转的进程中，土地本身蕴含的封建性因素、人身依附性特征持续减弱，持地人的土地权利愈加明晰，对土地的使用收益权逐渐向私有产权演进。这表现在三个方面，一是持地人之前不曾享有土地的占有权，而后逐渐拥有了实质上的占有权；二是持地人的土地处分权的范围不断扩大，程度不断深化；三是持地人处分土地的权利在不断明确，并受到法律保护。

近代早期英国不同法律类型的土地交易情况反映了这个过程。自由持有土地，特别是自由继承地产在交易时签订的转让契约明确规定了购地费用以及双方相关的权利与义务。这种明确性并非中世纪时就存在，而是不断发展得来的。在 16 世纪上半叶，部分自由持有人刚刚获得了法定土地遗嘱处分权，到 17 世纪 60 年代，随着封建主义的消亡，所有自由持有保有制均转换为索克制，这不仅方便了土地的买卖，还扩大了自由持有的范围，深化了自由持有人的权利。从维兰仅拥有遗嘱处分动产的权利到公簿持有农实际占有并有权买卖土地，在土地交易的过程中，公簿持有农享有的土地权利得以明确，并受到庄园习俗及法律的保护。无论是在土地权利的安全性还是充分性方面都有了较大的发展，这也是产权明晰的表现。至于租赁持有地的权益，尽管它不是一种完全的产权权益，但土地的出租与承租条件有了明确的规定，这是由主佃之间签订的契约所规定的，庄园习惯的影响在不断弱化，租赁地产权受到司法和立法的保护，这同样是产权明晰的一种体现。

土地流转对近代早期英国社会产生了深远的影响。第一，从中世纪到近代早期，英国封建主义的经济特征不断强化，封土的流动愈发脱离封君的控制，以封土为纽带的封君封臣关系愈发松散。土地流转冲击了封建秩序，破坏了等级制度，推动了英国社会的变迁。第二，民众在土地流转中不断明晰了产权，明晰的产权又对土地流转起到了积极作用。各类持地者对土地的实际占有权利不断增强且日渐明确，用益权逐渐向私有产权趋近。产权的明晰有助于构建私人产权制度，而产权制度的确立又对英国的经济发展和社会转型产生了极为深远的影响。第三，不同法律类型的土地作为一种生产要素进入市场，扩充了土地市场的规模，丰富了土地转让的形式，加速了土地产权的变更，改变了地方的土地占有结构，对信贷业、农村经济、商业贸易都有一定的影响。土地流转的过程诱使劳动力和土地资源优化配置，土地趋于集中，逐步形成了大地产制，孕育了新的经营方式，促进了资本主义租地农场的产生和发展。第四，土地流转的过程中社会角色亦发生变化。购买和承租土地不仅使习惯佃农突破了持有庄园份地规模的限制，还借机摆脱了受奴役的法律身份。以乡绅和富裕农民约曼为代表的中等阶层凭借土地带来的经济收益、社会声望，得以进入国家管理系统，在地方事务上发挥其影响力，有机会实现阶层跨越。贵族阶层借助市场性和家庭内部的土地流转巩固了自身权益，形成了土地利益阶层，掌控了近代英国的政治话语权。

参考文献

一、史料

Bacon, F., *The Use of the Law: Provided for Preservation of Our Persons, Goods and Good Names, According to the Practice of the Lawes, and Customes of This Land*, London: Printed for Beniamin Fisher, 1629.

Bacon, F., *The Reading upon the Statute of Uses*, London: Printed for E. Brooke, 1785.

Ballow, H., *A Treatise of Equity*, Savoy: Printed by E. & R. Nutt and R. Gosling, 1737.

Baker, J. H., ed., *Baker and Milsom, Sources of English Legal History, Private Law to 1750*, Oxford: Oxford University Press, 2010.

Bayly, J. B., *Commentaries on the Laws of England: In the Order, and Compiled from the Text of Blackstone, and Embracing the New Statutes and to the Present Time*, London: Saunders and Benning, 1840.

Blackstone, W., *Commentaries on the Laws of England*, Vol. 1, New York: W. E. Dean, 1847.

Blackstone, W., *Commentaries on the Laws of England*, Vol. 2, Oxford: Printed for the Clarendon Press, 1768.

Bland, A. E., Brown, P. A. and Tawney, R. H., eds., *English Economic History: Select Documents*, New York: Macmillan & Co., 1919.

Bohun, W., *Cursus Cancellariæ, or, The Course of Proceedings in the High Court of Chancery*, Savoy: J. Nutt, 1715.

Brewer, J. S., ed., *Letters and Papers, Foreign and Domestic, of the Reign of Henry VIII: Preserved in the Public Record Office, the British Museum, and Elsewhere in England*, Vol. 4, London: Longman & Co., 1876.

Cockburn, J. S. and King, H. P. F., eds., *The Victoria History of the County of Gloucester*, Vol. 5, London: University of London, 1996.

Coke, E., *Compleate Copy-Holder*, London: Walbanck and Richard Best, 1644.

Coke, E., *The First Part of the Institutes of the Laws of England*, London: Printed for the Company of Stationers, 1656.

Coke, E., *The Fourth Part of the Institutes of the Lawes of England, Concerning the Jurisdiction of Courts*, London: Printed for John Streater, Henry Twyford, Elizabeth Flesher, 1671.

Coke, E., *The Reports of Sir Edward Coke Kt. in English: Compleat in Thirteen Parts, with References to all the Ancient and Modern Books of the Law*, Savoy: Printed by E. & R. Nutt and R. Gosling, 1727.

Coke, E., *The Reports of Sir Edward Coke, 1572-1617*, Vol. 3, London: Josoph Butterworth and Son, 1826.

Collins, A., *Letters and Memorials of State: In the Reigns of Queen Elizabeth, King James, King Charles the First, Part of the Reign of King Charles the Second, and Oliver's Usurpation*, Vol. 1, London: Printed for T. Osborne, 1746.

Curson, H., *The Law Concerning Estates Taile, and Remainders and Reversions Expectant Thereupon, Illustrated. The Statute De Donis Conditionalibus, and What Estate of Inheritance May be Intailed, and What May not be Intailed: With the Conveniences and Inconveniencies, Arising Thereby, Explained and Demonstrated, the Doctrine of Perpetuities Fully Cleared*, London: Printed by the Assigns of Richard and Edward Atkins Esquires, 1703.

Doubleday, H. A., ed., *The Victoria History of the County of Northampton*, Vol. 4, London: University of London, 1970.

Douglas, D. C. and Greenaway, G. W., eds., *English Historical Documents, 1042-1189*, London and New York: Routledge, 1996.

E 318/11/507, Part of the particulars for the sale of the manor of Bulmershe, following Henry VIII's dissolution of the monasteries, dated 17 June 1544.

E 317/CARM/23 folio 1, a parliamentary survey commissioned by trustees for crown lands and fee farm rents, dated July 1650.

Farrer, W. and Brownbill, J., eds., *The Victoria History of the County of Lancashire*, Vol. 3, London: Archibald Constable and Company Limited, 1907.

Farrer, W. and Brownbill, J., eds., *The Victoria History of the County of Lancashire*, Vol. 6, London: Archibald Constable and Company Limited, 1911.

Firth, C. H. and Rait, R. S., eds., *Acts and Ordinances of the Interregnum*, Vol. 1, London: Published by H. M. Stationery Office, 1911.

Firth, C. H. and Rait, R. S., eds., *Acts and Ordinances of the Interregnum*, Vol. 2, London: Published by H. M. Stationery Office, 1911.

Gairdner, J., ed., *Letters and Papers, Foreign and Domestic, of the Reign of Henry VIII*, Vol. 6, London: Printed by Eyre & Spottiswoode, 1882.

Gairdner, J., ed., *Letters and Papers, Foreign and Domestic, of the Reign of Henry VIII*, Vol. 10, London: Printed by Eyre & Spottiswoode, 1887.

Gairdner, J., ed., *Letters and Papers, Foreign and Domestic, of the Reign of Henry VIII*, Vol. 11, London: Printed by Eyre & Spottiswoode, 1888.

Gairdner, J. and Brodie, R. H., eds., *Letters and Papers, Foreign and Domestic, of the Reign of Henry VIII*, Vol. 15, London: Printed by Eyre & Spottiswoode, 1896.

Gairdner, J. and Brodie, R. H., eds., *Letters and Papers, Foreign and Domestic, of the Reign of Henry VIII*, Vol. 17, London: Printed by Norfolk Chronicle Co., 1900.

Gaydon, A. T., ed., *The Victoria History of the County of Shropshire*, Vol. 8, London: University of London, 1968.

Gee, H. and Hardy, W. J., eds., *Documents Illustrative of English Church History*, London & New York: Macmillan & Co., 1896.

Great Britain Public Record Office, *Calendar of State Papers, Domestic Series, of the Reigns of Elizabeth and James I, 1580-1620*, London: Longmans & Co., 1872.

Hasler, P. W., ed., *The History of Parliament: The House of Commons 1558-1603*, Vol. 1, London: Published by Her Majesty's Stationery Office, 1981.

Herbert, N. M., ed., *The Victoria History of the County of Gloucester*, Vol. 7, Oxford: Oxford University Press, 1981.

Journal of the House of Commons, Vol. 6, London: Reprinted by Order of the House of Commons, 1802.

Law of Property Act 1925.

Littleton, T., *Littleton's Tenures in English*, London: Printed by Charles

Yetsweir, 1594.

Les Reports des Cases en Ley que Furent Argues en Temps du Roy Edward le Quart, Clark, New Jersey: Lawbook Exchange, 2007.

Les Reports des Cases Contenus in les Ans Vingt Premier, & Apres en Temps du Roy Henry le VI, Clark, New Jersey: Lawbook Exchange, 2007.

Lowber, J. C., ed., *Reports of Cases Argued and Determined in the English Courts of Common Law*, Vol. 7, Philadelphia: T & J. W. Johnson & Co., 1873.

Malden, H. E., ed., *The Victoria History of the County of Surrey*, Vol. 3, London: Constable and Company Limited, 1911.

Mews, J., *The Digest of English Case Law Containing the Reported Decisions of the Superior Courts: And a Selection from Those of the Irish Courts [from 1557] to the End of 1897*, Vol. 10, London: Sweet and Maxwell, 1898.

Nelson, W., *Lex Testamentaria*, Savoy: Printed by E. & R. Nutt and R. Gofling, 1724.

Nicolas, N. H., ed., *Testamenta Vetusta: Being Illustrations from Wills, of Manners, Customs, &C. as Well as of the Descents and Possessions of Many Distinguished Families. From the Reign of Henry the Second to the Accession of Queen Elizabeth*, Vol.1, London: Nichols & Son, 1826.

Page, W., ed., *The Victoria History of the County of Bedfordshire*, Vol. 2, London: Archibald Constable and Company Limited, 1906.

Page, W. and Round, J. H., eds., *The Victoria History of the County of Essex*, Vol. 2, London: Archibald Constable and Company Limited, 1907.

Page, W., ed., *The Victoria History of the County of Gloucester*, Vol. 2, London: Archibald Constable and Company Limited, 1907.

Page, W., ed., *The Victoria History of the County of Hertfordshire*, Vol. 1, London: Archibald Constable and Company Limited, 1906.

Page, W., ed., *The Victoria History of the County of Hertfordshire*, Vol. 3, London: Archibald Constable and Company Limited, 1912.

Page, W., ed., *The Victoria History of the County of Lincolnshire*, Vol. 2, London: Archibald Constable and Company Limited, 1906.

Page, W., ed., *The Victoria History of the County of Norfolk*, Vol. 2, London: Archibald Constable and Company Limited, 1906.

Page, W., ed., *The Victoria History of the County of Nottingham,* Vol. 2,

London: Archibald Constable and Company Limited, 1910.

Page, W., ed., *The Victoria History of the County of Rutland*, Vol. 2, London: Archibald Constable and Company Limited, 1935.

Page, W., ed., *The Victoria History of the County of Somerset*, Vol. 4, London: University of London, 1992.

Petersdorff, C., *A Practical and Elementary Abridgment of the Cases Argued and Determined in the Courts of King's Bench, Common Pleas, Exchequer, and at Nisi Prius, and of the Rules of Court*, Vol. 3, New York: Published by W. R. H. Treadway, and Gould & Banks, 1831.

Phillippes, H., *The Purchaser's Pattern, the True Value of Land or Houses*, London: Edward Simon, 1719.

Powell, W. R., ed., *The Victoria History of the County of Essex*, Vol. 4, Oxford: Oxford University Press, 1956.

Raine, J., ed., *Testamenta Eboracensia: Or, Wills Registered at York, Illustrative of the History, Manners, Language, Statistics, &C., of the Province of York, from the Year 1300 Downwards*, Vol. 1, London: J. B. Nichols, 1836.

Richardson, R., *The Law of Testaments and Last Wills*, Savoy: Printed by Henry Lintot, 1744.

Rogers, J. E. T. and Henry, M. R., *Primogeniture and Entail, Letters of J. E. Thorold Rogers and M. R. Henry on the History and Working of the Law of Primogeniture and Entail, in their Moral, Social, and Political Aspect*, Manchester: Alexander Ireland and Co., 1864.

Salzman, L. F., ed., *The Victoria History of the County of Cambridgeshire and the Isle of Ely*, Vol. 6, London: University of London, 1978.

Serjeantson, R. M. and Adkins, W. R. D., eds., *The Victoria History of the County of Northampton*, Vol. 2, London: Archibald Constable and Company Limited, 1906.

Settled Land Act 1925.

Sheppard, W., *The Touchstone of Common Assurances*, London: Printed for W. Lee, M. Walbancke, D. Pakeman, and G. Bedell, 1651.

Simons, N., Dunlap, J. A., Smith, E. F., Howard, N. and Hanes, J., eds., *Reports of Cases Decided in the High Court of Chancery*, Vol. 16, New York: Banks Gould & Co., 1863.

SP 23/193 folio 49, Committee for Compounding with Delinquents.

SP 23/193 folio 825, Committee for Compounding with Delinquents.

Spedding, J., Ellis, R. L. and Heath, D. D., eds., *The Works of Francis Bacon,* Vol. 7, London: Longmans and Co., 1879.

Stephenson, C. and Marcham, F. G., eds., *Sources of English Constitutional History: A Selection of Documents from A.D. 600 to the Interregnum*, New York: Harper & Row, 1972.

Stone, T., *Suggestions for Rendering the Inclosure of Common Fields and Waste Lands: A Source of Population and Riches*, London: Printed by J. Nichols, 1787.

The Duke of Norfolk's Case, or, The Doctrine of Perpetuities Fully Set Forth and Explain'd, London: s. n., 1688.

The English Reports, Vol. 5, Edinburgh/London: William Green & Sons/ Stevens & Sons,1901.

The English Reports, Vol. 21, Edinburgh/London: William Green & Sons/ Stevens & Sons, 1902.

The English Reports, Vol. 22, Edinburgh/London: William Green & Sons/ Stevens & Sons, 1902.

The English Reports, Vol. 79, Edinburgh/London: William Green & Sons/ Stevens & Sons, 1907.

The English Reports, Vol. 86, Edinburgh/London: William Green & Sons/ Stevens & Sons, 1908.

The Statutes of the Realm, Vol. 1, London: The London Institution, 1810.

The Statutes of the Realm, Vol. 3, London: The London Institution, 1817.

The Statutes of the Realm, Vol. 5, London: The London Institution, 1819.

The Memoirs of Sir Hugh Cholmley, Malton: Privately Printed, 1870.

Thomas, J. H., ed., *A Systematic Arrangement of Lord Coke's First Institute of the Laws of England*, Vol. 3, London: Printed by S. Brooke, 1818.

Welford, R., ed., *Records of the Committees for Compounding, etc., with Delinquent Royalists in Durham and Northumberland during the Civil War, etc.*, Durham: Andrews & Co., 1905.

Williams, C. H., ed., *English Historical Documents, 1485-1558*, Vol. 5, London & New York: Routledge, 1996.

Williams, W. P., ed., *Reports of Cases Argued and Determined in the High Court of Chancery, and Some Special Cases Adjudged in the Court of King's Bench*, Vol. 1, London: Law Printers, 1787.

Williams, W. P. and Cox, S. C., eds., *Reports of Cases Argued and Determined in the High Court of Special Cases Adjudged in the Court of King's Bench*, Vol. 2, London: Printed by A. Strahan and W. Woodfall, 1793.

Yale, D. E. C., ed., *Lord Nottingham's Chancery Cases*, Vol. 2, London: B. Quaritch, 1957.

二、专著

Adkin, B. W., *Copyhold and Other Land Tenures of England*, London: Estates Gazette Ltd., 1911.

Allen, R. C., *Enclosure and the Yeoman*, Oxford: The Clarendon Press, 1992.

Armitage, D., *The Ideological Origins of the British Empire*, Cambridge: Cambridge University Press, 2004.

Ashley, W. J., *The Economic Organization of England*, London: Longman, Green & Co., 1916.

Bailey, M., *The English Manor, 1200-1500*, Manchester: Manchester University Press, 2002.

Bald, R. C., *Donne and the Drurys*, Cambridge: Cambridge University Press, 1959.

Baker, J., *An Introduction to English Legal History*, London: Butterworth, 1979.

Baker, J., *The Oxford History of the Laws of England*, Vol. 6, Oxford: Oxford University Press, 2003.

Bindoff, S. T., *Tudor England*, Harmondsworth, Middlesex: Penguin Books, 1950.

Bean, J. M. W., *The Decline of English Feudalism, 1215-1540*, Manchester: Manchester University Press, 1968.

Bellamy, J. G., *Bastard Feudalism and the Law*, London: Routledge, 1989.

Berman, H. J., *Law and Revolution: The Formation of the Western Legal Tradition*, Cambridge, MA: Harvard University Press, 1983.

Bernard, G. W., *The King's Reformation: Henry VIII and the Remaking of the*

English Church, New Haven and London: Yale University Press, 2005.

Blackwood, B. G., *The Lancashire Gentry and the Great Rebellion, 1640-1660*, Manchester: Printed for the Chetham Society, 1978.

Bloch, M., *Feudal Society*, Vol. 1, London and New York: Routledge, 1989.

Bonfield, L., *Marriage Settlement, 1601-1704: The Adoption of the Strict Settlement*, Cambridge: Cambridge University Press, 1983.

Boyer, A. D., *Sir Edward Coke and the Elizabethan Age*, Stanford: Stanford University Press, 2003.

Brenner, R., *Merchants and Revolution: Commercial Change, Political Conflict, and London's Overseas Traders, 1550-1653*, London & New York: Verso, 2003.

Briggs, C. and Zuijderduijn, J., eds., *Land and Credit, Mortgages in the Medieval and Early Modern European Countryside*, Gewerbestrasse: Palgrave Macmillan, 2018.

Britnell, R. H., *Britain and Ireland 1050-1530: Economy and Society*, Oxford: Oxford University Press, 2004.

Brodrick, G. C., *English Land and English Landlords*, London, Paris & New York: Cassell, Petter, Galpin & Co., 1881.

Brooks, C. W., *Law, Politics and Society in Early Modern England*, Cambridge: Cambridge University Press, 2008.

Burdick, W. L., *Handbook of the Law of Real Property*, St. Paul: West Publishing Company, 1914.

Burrill, A. M., *A New Law Dictionary and Glossary*, Vol. 2, New York: Baker, Voorhis & Co., 1871.

Bush, J. and Wijffels, A. A., eds., *Learning the Law: Teaching and the Transmission of English Law, 1150-1900*, London: The Hambledon Press, 1999.

Caenegem, R. C., *The Birth of the English Common Law*, Cambridge: Cambridge University Press, 1988.

Campbell, J. and Campbell, B., *The Lives of the Lord Chancellors and Keepers of the Great Seal of England, from the Earliest Times till the Reign of King George IV*, Vol. 2, London: John Murray, 1846.

Campbell, J., John, E. and Wormald, P., eds., *The Anglo-Saxons*, New York: Cornell University Press, 1982.

Campbell, M., *The English Yeoman under Elizabeth and the Early Stuarts*, New York: A. M. Kelley, 1968.

Clark, G. N., *The Wealth of England from 1496 to 1760*, Oxford: Oxford University Press, 1946.

Clay, C. G. A., *Economic Expansion and Social Change: England 1500-1700*, Cambridge: Cambridge University Press, 1984.

Coleman, D. G., *The Economy of England 1450-1750*, Oxford: Oxford University Press, 1986.

Collins, E. J. T., ed., *The Agrarian History of England and Wales*, Vol. 7, 1850-1914, Part 1, Cambridge: Cambridge University Press, 2000.

Corèdon, C. and Williams, A., eds., *A Dictionary of Medieval Terms and Phrases*, Cambridge: D. S. Brewer, 2004.

Cross, C., *The Puritan Earl: The Life of Henry Hastings, Third Earl of Huntingdon, 1536-1595*, London: Macmillan, 1967.

Cruise, W., *A Digest of the Laws of England Respecting Real Property*, Brookfield, Mass.: E. Merriam & Co. Printers, 1823.

Curtler, W. H. R., *The Enclosure and Redistribution of Our Land*, Oxford: The Clarendon Press, 1920.

Dicey, A. V., *Lecture on the Relation between Law and Public Opinion in England*, London: Macmillan & Co., 1905.

Dickens, A. G. and Carr, D., *The Reformation in England: To the Accession of Elizabeth I*, London: Edward Arnold Publishers, 1967.

Digby, K. E., *An Introduction to the History of the Law of Real Property: With Original Authorities*, Oxford: The Clarendon Press, 1876.

Dyer, C., *Lords and Peasants in a Changing Society: The Estates of the Bishopric of Worcester, 680-1540*, Cambridge: Cambridge University Press, 1980.

Dyer, C., *An Age of Transition? Economy and Society in England in the Later Middle Ages*, Oxford: Oxford University Press, 2005.

Elton, G. R., *The Tudor Revolution in Government*, Cambridge: Cambridge University Press, 1953.

Finlason, W. F., *The History of Law of Tenures of Land in England and Ireland*, London: Stevens & Haynes, 1870.

Fisher, D. J. V., *The Anglo-Saxon Age, c. 400-1042*, London & New York:

Routledge, 2014.

Fisher, H. A. L., *The History of England, from the Accession of Henry VII to the Death of Henry VIII*, London: Longmans, Green & Co., 1910.

Freedman, P. and Bourin, M., eds., *Forms of Servitude in Northern and Central Europe: Decline, Resistance, and Expansion*, Turnhout: Brepols, 2005.

Friedman, L. M., *Dead Hands: A Social History of Wills, Trusts, and Inheritance Law*, Stanford: Stanford University Press, 2009.

Fryde, E. B., *Peasants and Landlords in Later Medieval England*, New York: St. Martin's Press, 1996.

Gardiner, S. R., *History of England from the Accession of James I to the Outbreak of the Civil War, 1603-1642*, Vol. 9, Cambridge: Cambridge University Press, 2011.

Gasquet, A., *Henry VIII and the English Monasteries*, London: George Bell & Sons, 1906.

Gentles, I., *The English Revolution and the Wars in the Three Kingdoms, 1638-1652*, London & New York: Routledge, 2007.

Given-Wilson, C., *The English Nobility in the Late Middle Ages: The Fourteenth-Century Political Community*, London: Routledge, 1996.

Goody, J., Thirsk, J. and Thompson, E. P., eds., *Family and Inheritance: Rural Society in Western Europe, 1200-1800*, Cambridge: Cambridge University Press, 1976.

Graves, M. A. R., *The Tudor Parliaments: Crown, Lords and Commons, 1485-1603*, London: Routledge, 1985.

Gray, J. C., *The Rule Against Perpetuities*, Boston: Little, Brown and Company, 1915.

Haigh, C., *The Last Days of the Lancashire Monasteries and the Pilgrimage of Grace*, Manchester: Manchester University Press, 1969.

Haigh, C., *English Reformations: Religion, Politics, and Society under the Tudors*, Oxford: Oxford University Press, 1993.

Hanawalt, B., *The Ties That Bound Peasant Families in Medieval England*, Oxford: Oxford University Press, 1986.

Harrison, J. F. C., *The Common People: A History from the Norman Conquest to the Present*, Fontana: Fontana Press, 1984.

Harvey, P. D. A., *The Peasant Land Market in Medieval England*, Oxford: The Clarendon Press, 1984.

Hayton, D. J. and Mitchell, C., *Hayton and Mitchell on the Law of Trusts & Equitable Remedies*, London: Sweet & Maxwell, 2010.

Heal, F. and Holmes, C., *The Gentry in England and Wales, 1500-1700*, Stanford: Stanford University Press, 1994.

Helmholz, R. H. and Zimmermann, R., eds., *Itinera Fiduciae: Trust and Treuhand in Historical Perspective*, Berlin: Duncker & Humblot, 1998.

Herzog, T., *A Short History of European Law: The Last Two and a Half Millennia*, Cambridge: Harvard University Press, 2018.

Higham, N. J. and Hill, D. H., eds., *Edward the Elder: 899-924*, London & New York: Taylor & Francis, 2013.

Hill, C., *The Century of Revolution, 1603-1714*, London & New York: Routledge, 1961.

Hill, O. T., *English Monasticism: Its Rise and Influence*, London: Jackson, Walford and Hodder, 1867.

Holdsworth, W., *An Historical Introduction to the Land Law*, Oxford: The Clarendon Press, 1927.

Holdsworth, W., *Some Makers of English Law, the Tagore Lectures, 1937-1938*, Cambridge: Cambridge University Press, 1966.

Holdsworth, W. S., *A History of English Law*, Vol. 2, Boston: Little, Brown, and Company, 1923.

Holdsworth, W. S., *A History of English Law*, Vol. 3, Boston: Little, Brown, and Company, 1923.

Holdsworth, W. S., *A History of English Law,* Vol. 5, London: Methuen & Co. Ltd., 1924.

Holdsworth, W. S., *A History of English Law,* Vol. 7, London: Methuen & Co. Ltd., 1925.

Holdsworth, W. S. and Vickers, C. W., *The Law of Succession, Testamentary and Intestate*, New Jersey: The Law Exchange Ltd., 2004.

Holton, R. J., *The Transition from Feudalism to Capitalism*, New York: Macmillan Education, 1985.

Hoskins, W. G., *The Midland Peasants: The Economic and Social History of a*

Leicestershire Village, London: Macmillan & Co. Ltd., 1957.

Hoskins, W. G., *The Age of Plunder: The England of Henry VIII, 1500-1547*, New York: Longman, 1976.

Howell, C., *Land, Family and Inheritance in Transition: Kibworth Harcourt 1280-1700*, Cambridge: Cambridge University Press, 1983.

Hoyle, R. W., *The Estates of the English Crown, 1558-1640*, Cambridge: Cambridge University Press, 2002.

Hymas, P. R., *Kings, Lord, and Peasants in Medieval England: The Common Law of Villeinage in the Twelfth and Thirteenth Centuries*, Oxford: Oxford University Press, 1980.

Jenks, E., *Law and Politics in the Middle Ages: With a Synoptic Table of Sources*, London: John Murray, 1898.

Jenks, E., *A Short History of English Law*, Boston: Little, Brown, and Company, 1912.

Johnson, A. H., *The Disappearance of the Small Landowner*, Ford Lectures, Oxford: The Clarendon Press, 1909.

Kerridge, E., *Agrarian Problems in the Sixteenth Century and After*, London: George Allen & Unwin Ltd., 1969.

King, E., *England, 1175-1425*, London: Routledge & Kegan Paul, 1979.

Klinck, D. R., *Conscience, Equity and the Court of Chancery in Early Modern England*, London & New York: Routledge, 2010.

Knowles, D., *The Religious Orders in England*, Vol. 3, Cambridge: Cambridge University Press, 1959.

Kosminsky, E. A., *Studies in the Agrarian History of England in the Thirteenth Century*, Oxford: Basil Blackwell, 1956.

Kriedte, P., *Industrialization before Industrialization, Rural Industry in the Genesis of Capitalism*, Cambridge: Cambridge University Press, 1981.

Lachmann, R., *From Manor to Market, Structural Change in England, 1536-1640*, Wisconsin: Wisconsin University Press, 1987.

Lapidge, M., Blair, J., Keynes, S. and Scragg, D., eds., *The Wiley Blackwell Encyclopedia of Anglo-Saxon England*, New Jersey: Wiley Blackwell, 2014.

Lehmberg, S. E., *The Reformation Parliament 1529-1536*, Cambridge: Cambridge University Press, 1970.

Levett, A. E., *Studies in Manorial History*, Oxford: Oxford University Press, 1938.

Lewis, W. D., *A Practical Treatise on the Law of Perpetuity, or, Remoteness in Limitations of Estates*, London: Saunders and Benning, 1843.

Linklater, A., *Owning the Earth: The Transforming History of Land Ownership*, New York: Bloomsbury, 2013.

Lyon, H., *Memory and the Dissolution of the Monasteries in Early Modern England*, Cambridge: Cambridge University Press, 2022.

Macfarlane, A., *The Origins of English Individualism*, London: Blackwell Publishers, 1978.

Mackie, J. D., *The Earlier Tudors, 1485-1558*, Oxford: The Clarendon Press, 1952.

Madge, S. J., *The Domesday of Crown Lands: A Study of the Legislation, Surveys, and Sales of Royal Estates under the Commonwealth*, London: G. Routledge & Sons Ltd., 1938.

Maitland, F. W. and Montague, F. C., *A Sketch of English Legal Law*, New York and London: G. P. Putnam's Sons, 1915.

Maitland, F. W., *The Constitutional History of England*, Cambridge: Cambridge University Press, 1920.

Martin, J. E., *Feudalism to Capitalism, Peasant and Landlord in English Agrarian Development*, New Jersey: Humanities Press, 1983.

Marriott, J. A. R., *The Life and Times of Lucius Cary, Viscount Falkland*, London: Methuen & Co., 1907.

Matauschek, J., *Rent Adjustment and Tenant Default in English and German Commercial Property Leases: An Economic and Legal Analysis*, Frankfurt am Main: Peter Lang, 2010.

Miller, E. and Hatcher, J., *Medieval England: Rural Society and Economic Change, 1086-1348*, London: Routledge, 1978.

Milsom, S. F. C., *Historical Foundations of Common Law*, London: Butterworths, 1969.

Mingay, G. E., *The Gentry: The Rise and Fall of a Ruling Class*, London: Longman, 1976.

Moffat, G. and Bean, G., eds., *Trusts Law: Text and Materials*, London:

Butterworths, 1994.

North, D. C., Wallis, J. J., and Weingast, B. R., *Violence and Social Orders: A Conceptual Framework for Interpreting Recorded Human History*, Cambridge: Cambridge University Press, 2009.

Overton, M., *Agricultural Revolution in England, the Transformation of the Agrarian Economy, 1500-1850*, Cambridge: Cambridge University Press, 1996.

Oxley-Oxland, J. and Stein, R. T. J., *Understanding Land Law*, Oxford: Taylor & Francis, 1985.

Palliser, D. M., *The Age of Elizabeth: England under the Later Tudors, 1547-1603*, New York: Longman, 1983.

Palmer, R. C., *English Law in the Age of the Black Death, 1348-1381: A Transformation of Governance and Law*, Chapel Hill: The University of North Carolina Press, 1993.

Palmer, R. C., *Selling the Church: The English Parish in Law, Commerce, and Religion, 1350-1550*, Chapel Hill: The University of North Carolina Press, 2002.

Pettit, P. H., *Equity and the Law of Trusts*, Oxford: Oxford University Press, 2012.

Pollock, F. and Maitland, F. W., *The History of English Law before the Time of Edward I*, Vol. 1, Cambridge: Cambridge University Press, 1898.

Pollock, F. and Maitland, F. W., *The History of English Law before the Time of Edward I*, Vol. 2, Cambridge: Cambridge University Press, 1898.

Pollock, F., *The Land Laws*, London: Macmillan & Co., 1896.

Pollock, F., *The Genius of the Common Law,* New York: Columbia University Press, 1911.

Postan, M. M., *Essays on Medieval Agriculture and General Problems of Medieval Economy*, Cambridge: Cambridge University Press, 1973.

Renton, A. W. and Max. A. R., eds., *Encyclopædia of the Laws of England with Forms and Precedents by the Most Eminent Legal Authorities*, Vol. 8, London: Sweet & Maxwell, 1907.

Riddall, J. G., *Introduction to Land Law*, London: Butterworth & Co., 1988.

Rogers, J. E. T., *A History of Agriculture and Prices in England*, Vol. 4, Oxford: The Clarendon Press, 1882.

Rowse, A. L., *The England of Elizabeth: The Structure of Society*, London:

Macmillan & Co. Ltd., 1951.

Rubin, G. R. and Sugarman, D., eds., *Law, Economy and Society, 1750-1914: Essays in the History of English Law*, Abingdon: Professional Books, 1984.

Rudden, B., *The Law of Property*, Oxford: Oxford University Press, 2002.

Savine, A., *English Monasteries on the Eve of the Dissolution*, Oxford: The Clarendon Press, 1909.

Schofield, P. R., *Peasant and Community in Medieval England, 1200-1500*, New York: Palgrave Macmillan, 2003.

Scrutton, T. E., *Land in Fetters, or, The History and Policy of the Laws Restraining the Alienation and Settlement of Land in England: Being the Yorke Prize Essay of the University of Cambridge for the Year 1885*, Cambridge: Cambridge University Press, 1886.

Seebohm, F., *The English Village Community*, London & New York: Longmans, Green & Co., 1915.

Sharpe, J. A., *Early Modern England: A Social History 1550-1760*, London: Edward Arnold, 1987.

Simpson, A. W. B., *A History of the Land Law*, Oxford: The Clarendon Press, 1986.

Smith, R. M., ed., *Land, Kinship and Life-cycle*, Cambridge: Cambridge University Press, 1984.

Spring, E., *Law, Land and Family: Aristocratic Inheritance in England, 1300-1800*, Chapel Hill & London: The University of North Carolina Press, 1993.

Spufford, M., *Contrasting Communities, English Villages in Sixteenth and Seventeenth Centuries*, Cambridge: Cambridge University Press, 1974.

Stebbings, C., *The Private Trustee in Victorian England*, Cambridge: Cambridge University Press, 2002.

Stöber, K., *Late Medieval Monasteries and Their Patrons: England and Wales, c.1300-1540*, Woodbridge: Boydell Press, 2007.

Stone, L., *The Crisis of the Aristocracy, 1558-1641*, Oxford: Oxford University Press, 1967.

Stone, L., *Causes of the English Revolution 1529-1642*, London & New York: Routledge, 2002.

Swanson, R. N., *Church and Society in Late Medieval England*, Oxford:

Blackwell, 1993.

Tawney, R. H., *The Agrarian Problem in the Sixteenth Century*, New York: Harper & Row, 1967.

Thirsk, J., ed., *Agrarian History of England and Wales*, Vol. 4, Cambridge: Cambridge University Press, 1967.

Thirsk, J., *The Rural Economy of England*, London: The Hambledon Press, 1984.

Thirsk, J., ed., *The Agrarian History of England and Wales*, Vol. 5, Part 2, Cambridge: Cambridge University Press, 1985.

Thompson, F., *A Short History of Parliament, 1295-1642*, Minneapolis: University of Minnesota Press, 1953.

Tittler, R. and Jones, N. L., *A Companion to Tudor Britain*, Malden, MA: Wiley-Blackwell, 2004.

van Bavel, B. J. P. and Schofield, P. R., eds., *The Development of Leasehold in Northwestern Europe, c.1200-1600*, Turnhout: Brepols, 2008.

Vinogradoff, P., *Villainage in England*, Oxford: Clarendon Press, 1892.

Watt, G., *Trusts and Equity*, Oxford: Oxford University Press, 2018.

Waugh, S. L., *The Lordship of England: Royal Wardships and Marriages in English Society and Politics, 1217-1327*, Princeton: Princeton University Press, 1988.

Whittle, J., *The Development of Agrarian Capitalism: Land and Labour in Norfolk, 1440-1580*, Oxford: Oxford University Press, 2000.

Williams, J., *Principles of the Law of Real Property: Intended as a First Book for the Use of Students in Conveyancing*, Philadelphia: T. & J. W. Johnson & Co., 1872.

Williams, J., *Principles of the Law of Real Property*, 24th edition, London: Sweet & Maxwell, 1926.

Williams, P., *The Tudor Regime*, Oxford: The Clarendon Press, 1979.

Woodward, G. W. O., *The Dissolution of the Monasteries*, London: Blandford Press, 1966.

Wormald, B. H. G., *Clarendon: Politics, History and Religion 1640-1660*, Cambridge: Cambridge University Press, 1989.

Wrightson, K., ed., *A Social History of England, 1500-1750*, Cambridge:

Cambridge University Press, 2017.

Youings, J., *The Dissolution of the Monasteries*, London: George Allen & Unwin Ltd., 1971.

Youings, J., *Sixteenth-Century England*, London: Penguin Books, 1984.

〔英〕阿萨·勃里格斯:《英国社会史》，陈叔平等译，中国人民大学出版社 1991 年版。

《盎格鲁-撒克逊编年史》，寿纪瑜译，商务印书馆 2016 年版。

〔美〕哈罗德·J. 伯尔曼著:《法律与革命——西方法律传统的形成》，贺卫方、高鸿钧、张志铭、夏勇译，中国大百科全书出版社 1993 年版。

〔美〕汤普逊:《中世纪经济社会史》(上册)，耿淡如译，商务印书馆 1997 年版。

〔美〕詹姆斯·M. 鲍威尔:《中世纪研究导论》，汪辉、喻乐译，北京大学出版社 2021 年版。

陈曦文:《英国 16 世纪经济变革与政策研究》，首都师范大学出版社 1995 年版。

陈曦文、王乃耀:《英国社会转型时期经济发展研究》，首都师范大学出版社 2002 年版。

程汉大主编:《英国法制史》，齐鲁书社 2001 年版。

高富平、吴一鸣:《英美不动产法：兼与大陆法比较》，清华大学出版社 2007 年版。

侯建新:《现代化第一基石——农民个人力量与中世纪晚期社会变迁》，天津社会科学出版社 1991 年版。

侯建新:《社会转型时期的西欧与中国》，高等教育出版社 2005 年版。

侯建新:《欧洲文明进程·农民地权卷》，商务印书馆 2023 年版。

黄春高:《分化与突破——14—16 世纪英国农民经济》，北京大学出版社 2011 年版。

沈汉:《英国土地制度史》，学林出版社 2005 年版。

咸鸿昌:《英国土地法律史》，北京大学出版社 2009 年版。

薛波主编:《元照英美法词典》，法律出版社 2003 年版。

赵文洪:《英国公地制度研究》，社会科学文献出版社 2017 年版。

张卫良:《英国社会的商业化历史进程：1500—1750》，人民出版社 2004 年版。

三、论文

Allen, R. C., "The Price of Freehold Land and the Interest Rate in the Seventeenth and Eighteenth Centuries", *The Economic History Review*, New Series, Vol. 41, No. 1 (Feb., 1988), pp. 33-50.

Allen, R. C., "Progress and Poverty in Early Modern Europe", *The Economic History Review*, Vol. 56, No. 3 (Aug., 2003), pp. 403-443.

Ames, J. B., "The Origin of Uses and Trusts", *Harvard Law Review*, Vol. 21, No. 4 (Feb., 1908), pp. 737-752.

Avery, M. E., "The History of the Equitable Jurisdiction of Chancery before 1460", *Historical Research*, Vol. 42, No. 106 (Nov., 1969), pp. 129-144.

Avery, M. E., "An Evaluation of the Effectiveness of the Court of Chancery under the Lancastrian Kings", *Law Quarterly Review*, Vol. 86, Issue 1 (Jan., 1970), pp. 84-97.

Barry, H., "The Duke of Norfolk's Case", *Virginia Law Review*, Vol. 23, No. 5 (Mar., 1937), pp. 538-568.

Biancalana, J., "Testamentary Cases in Fifteenth-Century Chancery", *Legal History Review*, Vol. 76, Issues 3 and 4 (2008), pp. 283-306.

Bonfield, L., "Marriage Settlements and the 'Rise of Great Estates': The Demographic Aspect", *The Economic History Review*, New Series, Vol. 32, No. 4 (Nov., 1979), pp. 483-493.

Bonfield, L., "Affective Families, Open Elites and Strict Family Settlements in Early Modern England", *The Economic History Review*, New Series, Vol. 39, No. 3 (Aug., 1986), pp. 341-354.

Bordwell, P., "Alienability and Perpetuities", *Iowa Law Review*, Vol. 25, Issue 1 (Nov., 1939), pp. 1-31.

Chesney, H. E., "The Transference of Lands in England, 1640-1660", *Transactions of the Royal Historical Society*, Vol. 15 (1932), pp. 181-210.

Clay, C., "The Price of Freehold Land in the Later Seventeenth and Eighteenth Centuries", *The Economic History Review*, New Series, Vol. 27, No. 2 (May, 1974), pp. 173-189.

Clay, C., "Lifeleasehold in the Western Counties of England 1650-1750", *The Agricultural History Review*, Vol. 29, No. 2 (1981), pp. 83-96.

Cooper, J. P., "The Social Distribution of Land and Men in England, 1436-

1700", *The Economic History Review*, New Series, Vol. 20, No. 3 (Dec., 1967), pp. 419-440.

Cornwall, J., "The Early Tudor Gentry", *The Economic History Review*, New Series, Vol. 17, No. 3 (1965), pp. 456-475.

Dainow, J., "Limitations on Testamentary Freedom in England", *Cornell Law Review*, Vol. 25, No. 3 (Apr., 1940), pp. 337-360.

Gentles, I., "The Sales of Crown Lands during the English Revolution", *The Economic History Review*, New Series, Vol. 26, No. 4 (1973), pp. 614-635.

Gentles, I., "The Impact of the Sales of Confiscated Land on English Society during the Revolution, 1647-1660", *Histoire Sociale/Social History*, Vol. 13, No. 26 (1980), pp. 281-304.

Gentles, I., "The Sales of Bishops' Land in the English Revolution, 1646-1660", *The English Historical Review*, Vol. 95, No. 376 (Jul., 1980), pp. 573-596.

Gladwish, P., "The Sale of Royalist Lands after the English Civil War: Two Case Studies from the West Midlands", *Midland History*, Vol. 29, Issue 1 (2004), pp. 25-60.

Habakkuk, H. J., "Marriage Settlements in the Eighteenth Century", *Transactions of the Royal Historical Society*, Vol. 32 (1950), pp. 15-30.

Habakkuk, H. J., "The Long-Term Rate of Interest and the Price of Land in the Seventeenth Century", *The Economic History Review*, New Series, Vol. 5, No. 1 (1952), pp. 26-45.

Habakkuk, H. J., "The Market for Monastic Property, 1539-1603", *The Economic History Review*, New Series, Vol. 10, No. 3 (1958), pp. 362-380.

Habakkuk, H. J., "Public Finance and the Sale of Confiscated Property during the Interregnum", *The Economic History Review*, New Series, Vol. 15, No. 1 (1962), pp. 70-88.

Habakkuk, H. J., "Landowners and the Civil War", *The Economic History Review*, New Series, Vol. 18, No. 1, Essays in Economic History Presented to Professor M. M. Postan (1965), pp. 130-151.

Hare, K. N., "The Demesne Lessees of Fifteenth-Century Wiltshire", *The Agricultural History Review*, Vol. 29, No. 1 (1981), pp. 1-15.

Harrington, M., "The Earl of Derby and His Tenants: Sales of Royalist Land during the Interregnum Revisited", *The Economic History Review*, Vol. 64, No. 4

(Nov., 2011), pp. 1195-1217.

Harvey, B., "The Leasing of the Abbot of Westminster's Demesnes in the Later Middle Ages", *The Economic History Review*, New Series, Vol. 22, No. 1 (Apr., 1969), pp. 17-27.

Haskins, G. L., "Extending the Grasp of the Dead Hand: Reflections on the Origins of the Rule against Perpetuities", *University of Pennsylvania Law Review*, Vol. 126, No. 19 (1977), pp. 19-46.

Heal, F., "The Tudors and Church Lands: Economic Problems of the Bishopric of Ely during the Sixteenth Century", *The Economic History Review*, New Series, Vol. 26, No. 2 (1973), pp. 198-217.

Hipkin, S., "Tenant Farming and Short-Term Leasing on Romney Marsh, 1587-1705", *The Economic History Review*, New Series, Vol. 53, No. 4 (Nov., 2000), pp. 646-676.

Holderness, B. A., "The English Land Market in the Eighteenth Century: The Case of Lincolnshire", *The Economic History Review*, Vol. 27, No. 4 (Nov., 1974), pp. 557-576.

Holiday, P. G., "Land Sales and Repurchases in Yorkshire after the Civil Wars, 1650-1670", *Northern History*, Vol. 5, No. 1 (1970), pp. 67-92.

Hoyle, R. W., "Lords, Tenants and Tenant Right in the Sixteenth Century: Four Studies", *Northern History*, Vol. 20, No. 1 (1984), pp. 38-63.

Hoyle, R. W., "Tenure and the Land Market in Early Modern England: Or a Late Contribution to the Brenner Debate", *The Economic History Review*, New Series, Vol. 43, No. 1 (Feb., 1990), pp. 1-20.

Hoyle, R. W., "The Origins of the Dissolution of the Monasteries", *The Historical Journal*, Vol. 38, No. 2 (Jun., 1995), pp. 275-305.

Kew, J., "The Disposal of Crown Lands and the Devon Land Market, 1536-1558", *The Agricultural History Review*, Vol. 18, No. 2 (1970), pp. 93-105.

Mate, E. M., "The East Sussex Land Market and Agrarian Class Structure in the Late Middle Ages", *Past & Present*, No. 139 (May, 1993), pp. 46-65.

Payling, S. J., "Social Mobility, Demographic Change, and Landed Society in Late Medieval England", *The Economic History Review*, New Series, Vol. 45, No. 1 (Feb., 1992), pp. 51-72.

Perkin, H. J., "The Social Causes of the British Industrial Revolution",

Transactions of the Royal Historical Society, Vol. 18 (1968), pp. 123-143.

Reid, C. J., "The Seventeenth-Century Revolution in the English Land Law", *Cleveland State Law Review*, Vol. 43, No. 221 (1995), pp. 221-302.

Schofield, P. R., "Dearth, Debt and the Local Land Market in a Late Thirteenth-Century Village Community", *The Agricultural History Review*, Vol. 45, No. 1 (1997), pp. 1-17.

Slota, L., "Law, Land Transfer, and Lordship on the Estates of St. Albans Abbey in the Thirteenth and Fourteenth Centuries", *Law and History Review*, Vol. 6 (1988), pp. 119-138.

Spring, E., "The Strict Settlement: Its Role in Family History", *The Economic History Review*, New Series, Vol. 41, No. 3 (Aug., 1988), pp. 454-460.

Sweet, C., "Perpetuities", *Law Quarterly Review*, Vol. 15, No. 1 (Jan., 1899), pp. 71-85.

Tawney, R. H., "The Rise of the Gentry, 1558-1640", *The Economic History Review*, Vol. 11, No. 1 (1941), pp. 1-38.

Thirsk, J., "The Sales of Royalist Land during the Interregnum", *The Economic History Review*, New Series, Vol. 5, No. 2 (1952), pp. 188-207.

Thirsk, J., "The Restoration Land Settlement", *The Journal of Modern History*, Vol. 26, No. 4 (Dec., 1954), pp. 315-328.

Watts, S. J., "Tenant Right in Early Seventeenth-Century Northumberland", *Northern History*, Vol. 6, No. 1 (1971), pp. 64-87.

Woodward, G. W. O., "A Speculation in Monastic Lands", *The English Historical Review*, Vol. 79, No. 313 (Oct., 1964), pp. 778-783.

Youings, J. A., "The Terms of the Disposal of the Devon Monastic Lands, 1536-1558", *The English Historical Review*, Vol. 69, No. 270 (Jan., 1954), pp. 18-38.

刘城:《20 世纪英国宗教改革史学》,《世界历史》2003 年第 1 期。

侯建新:《抵抗权:欧洲封建主义的历史遗产》,《世界历史》2013 年第 2 期。

侯建新:《圈地运动与土地确权——英国 16 世纪农业变革的实证考察》,《史学月刊》2019 年第 10 期。

侯建新:《英国近代土地确权立法与实践》,《世界历史》2021 年第 4 期。

向荣:《敞田制与英国的传统农业》,《中国社会科学》2014 年第 1 期。

王晋新:《都铎王朝对教会地产的剥夺及意义》,《历史研究》1991 年第 2 期。